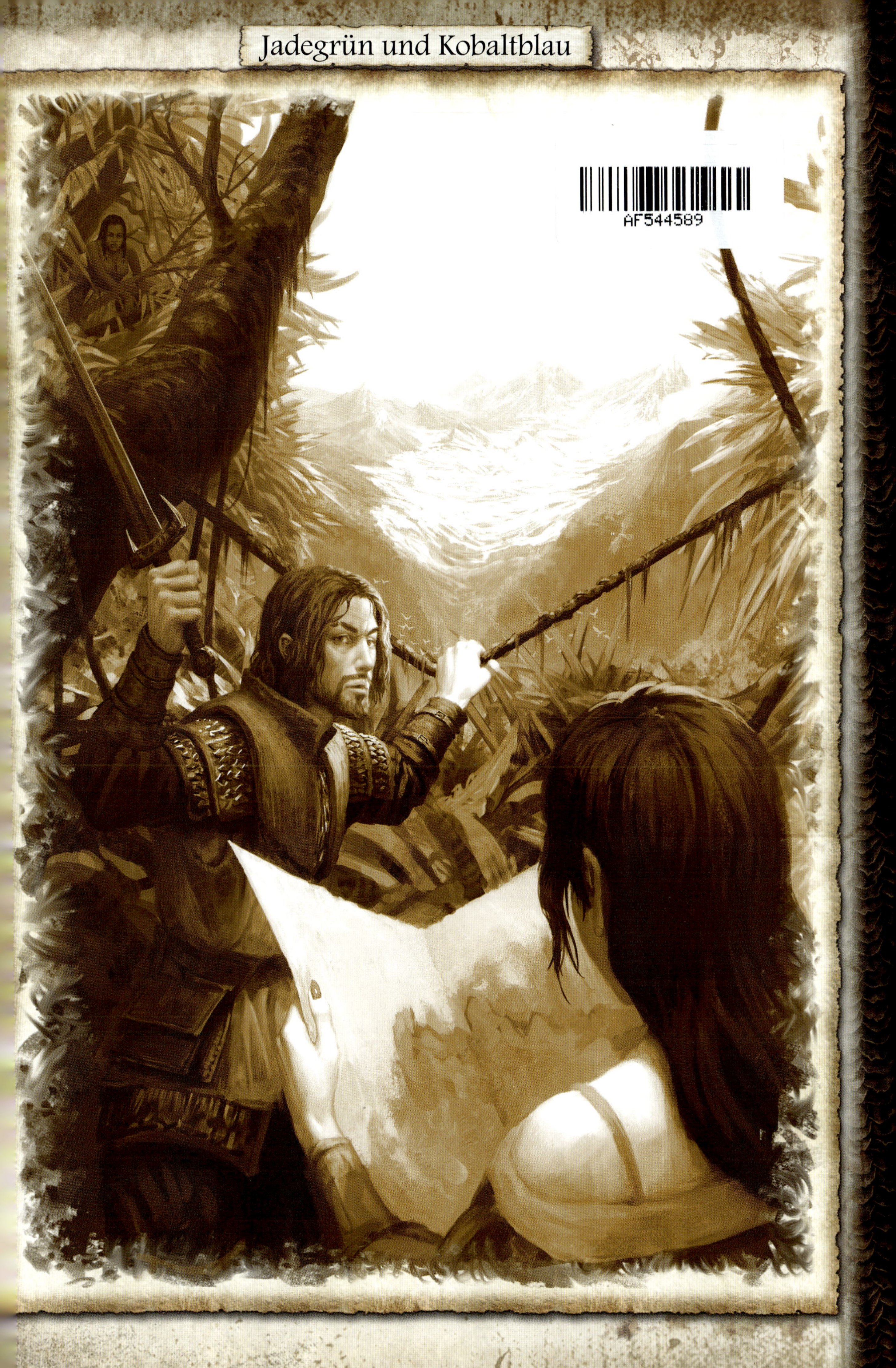
Jadegrün und Kobaltblau

IMPRESSUM

Verlagsleitung
Markus Plötz

Redaktion
Johannes Kaub

Regeldesign
Alex Spohr

Autor
Philipp Koch

Lektorat
Zoe Adamietz, Frauke Forster

Korrektorat
Sebastian Kreppel

Künstlerische Leitung
Nadine Schäkel

Coverbild
Carl Hassler

Satz, Layout & Gestaltung
Thomas Michalski

Layoutdesign
Thomas Michalski, Nadine Schäkel und Patrick Soeder

Innenillustrationen & Pläne
Verena Biskup, Sandra Braun, Tristan Denecke, Florian Häckh, Carl Hassler, Dagmara Matuszak, Vincent Modler, Petra Rudolf, Holger Schulz, Elif Siebenpfeiffer

Mitarbeiter Ulisses Spiele
Administration Christian Elsässer, Carsten Moos, Sven Paff, Stefanie Peuser, Marlies Plötz **Marketing** Jens Ballerstädt, Philipp Jerulank, Derya Öcalan, Katharina Wagner **Verlag** Jörn Aust, Mirko Bader, Steffen Brand, Kai Großkordt, Nikolai Hoch, Nadine Hoffmann, Arne Frederic Kunz, Matthias Lück, Jasmin Neitzel, Markus Plötz, Maik Schmidt, Ulrich-Alexander Schmidt, Jens Ullrich **Verlag USA** Robert Adducci, Bill Bridges, Timothy Brown, Darrell Hayhurst, Eric Simon, Ross Watson **Vertrieb** Florian Hering, Jan Hulverscheidt, Thomas Schwertfeger, Saskia Steltner, Stefan Tannert

Damit unsere Texte flüssig zu lesen sind, verzichten wir darauf, in jedem Textabschnitt alle Geschlechtsformen zu erwähnen. Aventurien ist ein Kontinent der Vielfalt, in dem sowohl Männer, Frauen als auch alle anderen Geschlechter Teil des Alltags sind. Wir bemühen uns deshalb, geschlechtsspezifische Ausdrücke zu mischen, damit diese Vielfalt nicht vergessen wird. Wann immer du also bei allgemeinen Aussagen eine bestimmte Geschlechtsform liest, kannst du diese durch jede andere ersetzen. In den Fällen, in denen das Geschlecht entscheidend ist, wird dies im Text gesondert ausformuliert.

Printed in EU 2020

Mein ganz besonderer Dank geht an meine wundervolle Freundin Valerie, die mich fleißig mit Tee und Keksen beim Schreiben unterstützt hat.
Desweiteren geht mein Dank an die heroischen Testspieler Alen, Daniel, Gesine, Emily, Jürgen, Oliver, Peter und Philipp, die sich in zwei Durchläufen und Gruppen als Testsubjekte durch die Dampfenden Dschungel gekämpft haben und manchen Szenen so zu ihrem letzten Schliff verholfen haben, sowie an den aufmerksamen Testleser Dennis.

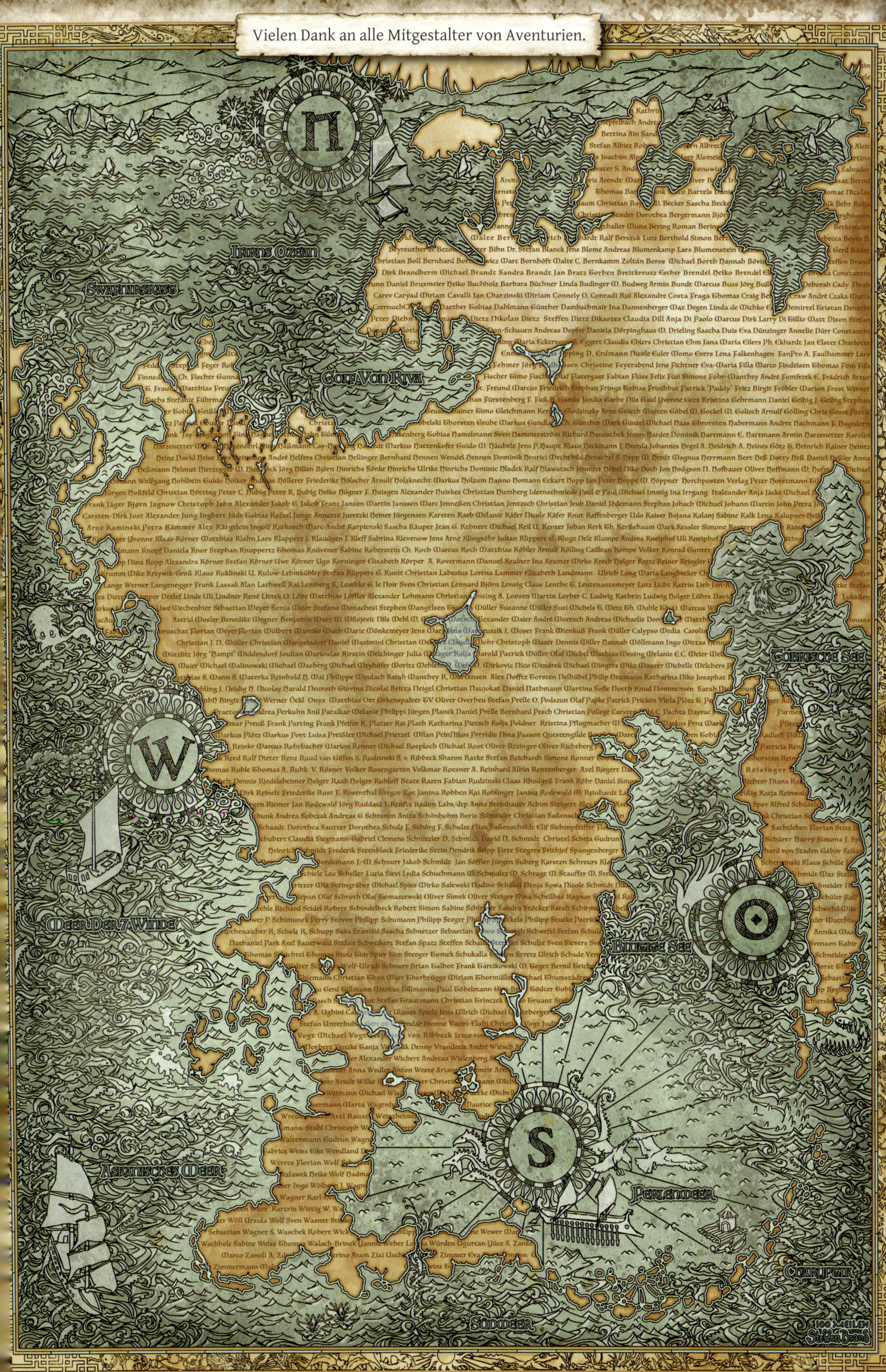
Vielen Dank an alle Mitgestalter von Aventurien.
Ifirns Ozean
Golf von Riva
Meer der 7 Winde
Perlenmeer
Südmeer

Inhaltsverzeichnis

Hintergrund 05
In jagdegrünen Wäldern 09
In frostigen Höhen 21
Hinter kobaltblauen Toren 37

Wenn du eine bestimmte Szene für die Helden leichter machen möchtest, dann kannst du die Vorschläge dieses Abschnittes übernehmen.

Wenn du eine bestimmte Szene für die Helden schwerer machen möchtest, dann kannst du die Vorschläge dieses Abschnittes übernehmen.

- *Meisterinformationen:* Die Angaben im Abenteuer sind Meisterinformationen, die den Helden nicht sofort zugänglich sind oder sogar ausschließlich als Hintergrundinformationen für den Spielleiter gedacht sind.
- *NSC-Wertekästen:* Die angegebenen Werte bei Meisterpersonen beinhalten alle spielrelevanten Informationen, sind aber dennoch nicht unbedingt vollständig. Insbesondere bei NSC mit einer großen Anzahl verschiedener Fertigkeiten, also vor allem bei Zauberern und Geweihten, werden auch Fertigkeitswerte, die von 0 abweichen, ebenso wie manche Sonderfertigkeiten nicht immer vollständig angegeben, wenn sie für das Spiel irrelevant sind.
- *Vorlesetexte:* Diese Texte kannst du deinen Spielern am Spieltisch vorlesen. Sie enthalten keine Meisterinformationen.
- *Gerüchte:* Wenn Helden Informationen sammeln, hören sie gelegentlich Klatsch und Tratsch. Gerüchte sind entweder mit + (wahr), mit – (falsch) oder mit +/– (teilweise wahr, teilweise falsch) gekennzeichnet.
- *Erweiterungsregeln:* Wenn ihr mit Erweiterungsregeln spielt, findest du an einigen Stellen Seitenverweise auf andere Bücher, damit du einfacher nachschlagen kannst. Dabei ist das Bandkürzel nach dem Regelelement hochgestellt, wie z. B. bei der Sonderfertigkeit Trampeln[ABE008].
  AKO – Aventurisches Kompendium
  AMA – Aventurische Magie I

In diesen Kästen findest du wichtige Hinweise zum Spiel!

Qualität, Preise, Schlafplätze

Bei Herbergen und Gasthäusern wirst du drei Angaben in Form von (Q)ualität, (P)reis und (S)chlafplätzen vorfinden. Die Schlafplätze geben die maximale Zahl von Betten an, die Angabe Preis modifiziert die Preise aus dem **Regelwerk** um den in der unten aufgeführten Tabelle angegebenen Prozentsatz, und die Qualität gibt an, wie gut die Versorgung in der Herberge ist.

Qualität und Preis

Stufe	Qualität	Preis
1	jämmerliche Bruchbude	sehr billig (50 % der Normalpreise)
2	dreckige Spelunke	billig (75 % der Normalpreise)
3	einfache Herberge	normal (Normalpreise)
4	gutbürgerliches Gasthaus	teuer (150 % der Normalpreise)
5	exquisites Hotel	sehr teuer (200 % der Normalpreise)
6	luxuriöse Unterkunft	horrend (400 % der Normalpreise)

Dem Meister zum Geleit

Kamaluq zum Gruße! Du hältst mit **Jadegrün und Kobaltblau** ein Abenteuer der 5. Edition des traditionsreichen Fantasy-Rollenspiels **Das Schwarze Auge** in Händen.

Als Begleitabenteuer zur Regionalspielhilfe **Die Dampfenden Dschungel – Der Tiefe Süden & die Waldinseln** entführt es dich und deine Spieler in die Regenwälder Meridianas, des Tiefen Südens Aventuriens. Was als Expedition auf den Spuren einer geheimnisvollen Statue der Waldmenschen beginnt, entwickelt sich schon bald zu einem weitaus größeren Geheimnis, welches deine Spieler aufdecken müssen, um eine große Gefahr für den ganzen aventurischen Süden abzuwenden. So greifen sie nicht nur direkt in weitgespannte Ereignisse ein, sondern wirken auch aktiv daran mit, eines der bestgehüteten Mysterien des Regenwalds zu lüften – die Existenz der verhehlten Stadt Kuruke-Wape. Mit Würfelglück und Forscherdrang bietet dieses Abenteuer den perfekten Einstieg in die Welt Meridianas, insbesondere der Regenwälder mit ihren vielfältigen Bewohnern. Viel Spaß!

HINTERGRUND

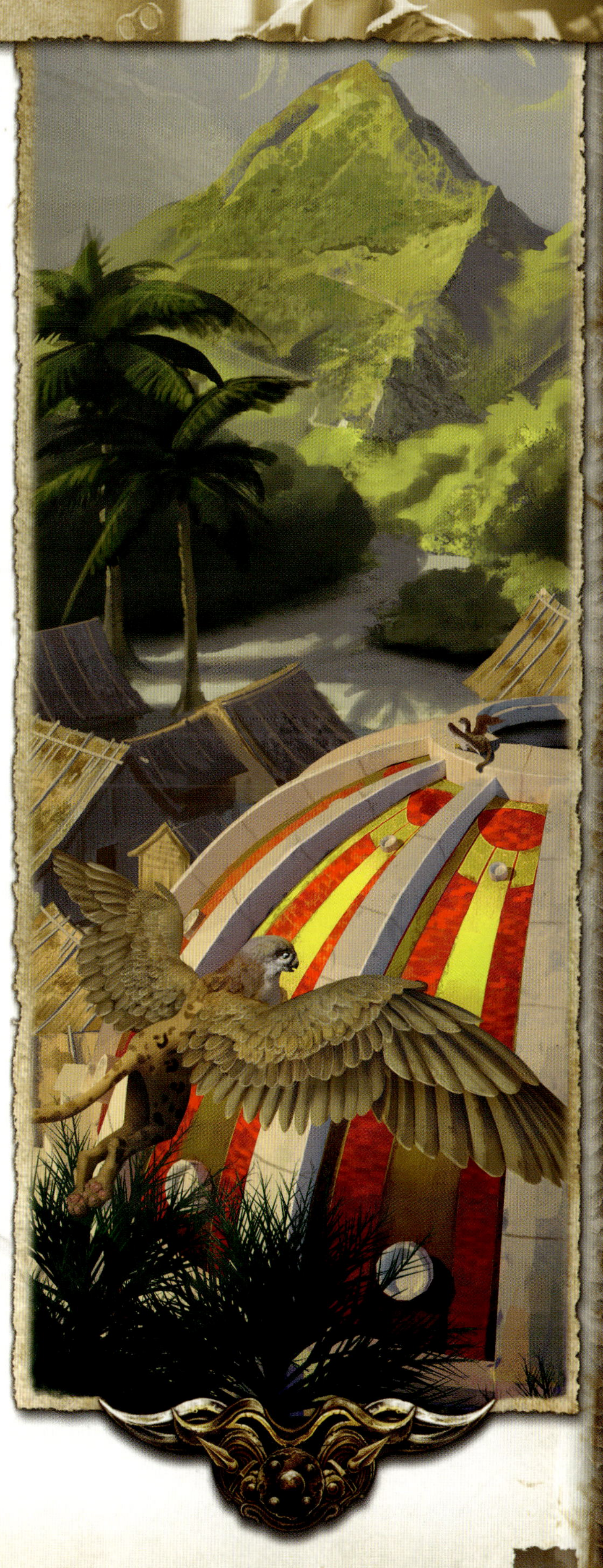

Vor rund 2.300 Jahren, als das Bosparanische Reich gerade einmal im Entstehen begriffen war und die Diamantenen Sultane über die Tulamidenlande herrschten, sammelte sich eine letzte mächtige Armee von Pyrdacors Echsenvölkern in den Mysobsümpfen, um die Warmblüter endgültig aus dem Tiefen Süden Aventuriens zu tilgen. Für die Menschen des Dschungels und der wenigen Städte der Tulamiden war die Armee der Echsen unaufhaltsam und konnte nur durch das direkte Eingreifen Kamaluqs, des obersten Gottes der Waldmenschen, aufgehalten werden. Durch ein großes Wunder bannte Kamaluq die Armee der Echsen in einem Pass am *Kara'iri'itir*, einem der hohen Gipfel des südlichen Regengebirges am Rande des Hochlands von H'Rabaal, indem er einen Gletscher aus ewigem Eis schuf. Um sicherzustellen, dass die Armee der Echsen für immer am *Kara'iri'itir* eingefroren bliebe, schickte er seine Auserwählte, die Tierkönigin der Riesenaffen *Mey-Iao* gemeinsam mit dem Stamm der Tapo-Tikaute in tiefe Kavernen unter dem Regengebirge, wo die Tapo-Tikaute ihre Stadt Kuruke-Wape errichtet hatten und geschützt durch ein mächtiges *Tabu* vor den Augen der Welt verborgen ihre ganz eigene Kultur entwickelten, stets bereit, sich den Echsensoldaten entgegenzustellen. Mit dem Sternenfall sind die Kräfte, welche die Armee der Echsen in den Gletschern des *Kara'iri'itir* gefangen halten, allerdings im Schwinden begriffen. Die Stämme der Waldmenschen, gewarnt durch eine jahrtausendealte Prophezeiung, senden mächtige Schamanen zu einem Ritualplatz an den Gletschern des *Kara'iri'itir*, um die karmalen Kräfte durch ein großes Ritual zu erneuern. Aber auch in H'Rezxem, der letzten noch den alten Wegen folgenden Tempelstadt der Echsenvölker im Norden des Regengebirges, werden die Veränderungen durch den Sternenfall wahrgenommen. Dort erstarkt seit dessen Beginn vor allem der Kult des Kr'Thon'Chh (ein H'Ranga bzw. Gott der Echsen, der häufig mit Kor gleichgesetzt wird) unter dessen neuem Hohepriester *K'Shorr*. Dieser jedoch ist insgeheim ein Anhänger des Belhalhar, und so wird die Verehrung der Echsen für ihren alten H'Ranga Kr'Thon'Chh durch den Erzdämon pervertiert. Der Plan des Erzdämonen und des für ihn die Echsen beeinflussenden Paktierers ist die Befreiung der am *Kara'iri'itir* eingeschlossenen Armee der Echsen, um Krieg und Zerstörung über die Völker Meridianas zu bringen. Um sicherzustellen, dass die Waldmenschen ihr Ritual nicht erfolgreich durchführen können, entsendet der Belhalhar-Paktierer einen seiner treuesten Anhänger, den Maru-Krieger *Chr'ho* mit einem Trupp von Achaz und einigen Marus, um die Schamanen vom Ritualplatz am *Kara'iri'itir* zu töten – oder zumindest zu vertreiben, ohne dass das Ritual vollendet werden kann.

Was bisher geschehen ist

Die Gelehrte *Yalsinia ya Tarcallo*, kürzlich von Herzog Eolan IV. Berlînghan von Methumis mit dem Aufbau und der Leitung der durch ihre Initiative neu gegründeten Aves-Schule für Völkerkunde an der Universität von Methumis betraut, hat während einer Expedition im Jalob-Gebiet mit ihrem Führer *Nepi-Luhan* vom Stamm der Napewanha eine Jadestatue in ihren Besitz gebracht. Diese wurde ihr von einem im Sterben liegenden Schamanen vom Stamme der Jecatoia, welche im Altimontgebirge auf der Insel Altoum siedeln, mit der dringenden Bitte übergeben, sie an ihren Bestimmungsort zu bringen. Wie schon zuvor hat Yalsinia auch bei dieser denkwürdigen Begegnung das Gefühl, einem wichtigen und uralten *Tabu* der Waldmenschen auf der Spur zu sein, nämlich dem verborgenen Stamm der Tapo-Tikaute und deren unterirdischer Stadt Kuruke-Wape. Nach ihrer Rückkehr nach Hôt-Alem, das sie als Ausgangspunkt für ihre Forschungsreisen nutzt, sinnt sie darüber nach, wie sie mehr über die Herkunft der Statue, ihre Funktion und ihren Bestimmungsort herausfinden könnte. Neben reinem Forschungsinteresse spielt dabei auch die eindringliche Bitte des Schamanen eine Rolle, dem sie – so ihr dies irgend möglich ist – nachkommen möchte.

Yalsinia auf den Fersen ist die aus Meridiana stammende *Notia Botero-Montez*, eine Forscherin und Entdeckerin der Universität von Al'Anfa, die sich noch nie zu schade dafür war, sich auch selbst die Hände schmutzig zu machen. Die charmante, gutaussehende und mit allen Wassern gewaschene Notia ist ebenso wie Yalsinia eine Spezialistin für die Kultur der Waldmenschen, was bei Notia auch durchaus persönliche Motive hat: ihrer leicht bronzefarbenen Haut und ihren ebenmäßigen Zügen sieht man doch recht deutlich das Waldmenschenblut an, das durch ihre Adern fließt. Durch das weitgefasste Spitzelnetz der Al'Anfaner im Tiefen Süden Aventuriens hat Notia Kenntnis von dem Fund Yalsinias bekommen und ist ihr nach Hôt-Alem nachgereist, um die Statue auf die eine oder andere Weise in ihren Besitz zu bringen.

Weitere Hintergründe zu Yalsinia ya Tarcallos Forschungsreise in den Dampfenden Dschungeln und zum Auffinden der Statue findest du im **Heldenbrevier der Dampfenden Dschungel**.

Was geschehen wird

Die Helden nehmen am 30. Praios am Ball zu Ehren des Geburtstages von Fürst-Protektor *Refardeon II.* im edlen Hotel *Jadepalast* teil (Anregungen, wieso die Helden sich in Hôt-Alem befinden könnten, findest du zu Beginn des Kapitels **In jadegrünen Wäldern** ab Seite **9**). Hier lernen sie Yalsinia ya Tarcallo und Notia Botero-Montez kennen. Im Verlauf des Abends stiehlt Notia die Jadestatue, und Yalsinia, die sich nicht geschlagen geben will, sucht nach Abenteurern, die sich auf die nicht ungefährliche Suche nach der Herkunft und Bedeutung der Statue machen. Yalsinia kann die Helden dabei schon am Abend des Balls anheuern, wenn sie sich als hilfreich erweisen, ansonsten lobt sie eine großzügige Belohnung aus. Da Jade in Aventurien allein im Altimont, dem sich im Zentrum der Insel Altoum erhebenden Gebirge, gefunden wird und fast ausschließlich von dem geheimnisvollen und zurückgezogen lebenden Stamm der Darna gehandelt wird, erscheint es sinnvoll, auf Altoum und bei den Darna mit der Suche nach Antworten zu beginnen. Sie rät dazu, Port Peleiston, eine kleine Handelsniederlassung Brabaks auf der Ostseite der Insel, als Ausgangspunkt für die Suche nach den Darna zu nutzen. Die Helden reisen auf einem Schiff nach Port Peleiston und rüsten sich für eine Expedition in die undurchdringlich dichten Wälder im Inneren der Insel aus.

Auf Altoum müssen die Helden dann nicht nur die Darna finden, sondern auch eine Prüfung bestehen, mit der einer von ihnen in den Stamm aufgenommen wird. Erst dann werden die Darna den Helden bei ihrer Suche helfen – und sie hoch hinauf in den Altimont und die geheimnisvollen Nebelwälder schicken. Dort oben lebt auf einem von hundert Schritt hohen Südmeerzedern bewachsenen Hochplateau der Stamm der Jecatoia, welcher selbst Gelehrten als Mythos und Legende gilt und den kaum je ein Außenstehender aufgesucht hat. Dort oben, wo der Nebel fast unablässig zwischen den Baumriesen wabert, finden die Helden mit Hilfe der Jecatoia endlich mehr über die Jadestatue heraus – und dass Notia Botero-Montez ihnen zuvorgekommen ist. Mithilfe einer einfachen Karte und einer neuen, von den Waldmenschen in einer Ritualhöhle geweihten Statue müssen die Helden sich auf den beschwerlichen Weg zum *Kara'iri'itir* machen, um eine Katastrophe für den ganzen Süden Aventuriens zu verhindern.

Nach einer Zwischenstation in Tyrinth, wo die Helden Bekanntschaft mit den sie wenig freundlich empfangenden Al'Anfanern machen, geht es auf dem Jalob oder über die nach H'Rabaal führende, halbwegs gut ausgebaute Straße in Richtung des Hochlands von H'Rabaal und der südlichen Gipfel des Regengebirges. Auf dem Weg begegnen sie dem Napewanha Nepi-Luhan, der als Führer für Yalsinia ya Tarcallo gearbeitet hat und sich verzweifelt gegen ein *Yaq-Hai* zu verteidigen sucht. Wenn die Helden Nepi-Luhan beistehen und ihm das Leben retten, wird er ihnen helfen – so gut es ihm möglich ist –, indem er sie als Führer durch den Dschungel oder zu seinem in der Nähe lebenden Stamm mitnimmt, bei dem die Helden wichtige Informationen erhalten können. Letztendlich müssen sie den Weg zum Gipfel des *Kara'iri'itir* finden, wo sie sich ein erstes Mal den Achaz und Marus aus H'Rezxem entgegenstellen, um die am Ritualplatz versammelten Schamanen der Waldmenschen zu retten. Dabei eilen ihnen nicht nur einige Krieger der Tapo-Tikaute mit ihren fremdartigen Rüstungen und Waffen zu Hilfe, denen das Eindringen der Echsen in ihr Gebiet nicht unbemerkt geblieben ist, sondern die Helden treffen auch auf eine alte Bekannte: Notia Botero-Montez ist auf ihrer Suche nach dem *Kara'iri'itir* den Echsen in die Hände gefallen und wird von ihnen entführt.

Nach dem Scharmützel am Ritualplatz heißt es Kriegsrat halten: Die Statue im Besitz der Helden wird untersucht und von den Schamanen als letztendlich ungeeignet eingestuft. Ohne die fehlende, machtvolle Statue, die sich jetzt im Besitz der Echsen befindet, kann das große Ritual nicht erfolgreich durchgeführt werden. Der einzige Weg, die Echsen einzuholen, ja ihnen vielleicht sogar einen Hinterhalt zu legen, führt durch die tiefen Kavernen und Tunnelsysteme, die sich unter dem südlichen Teil des Regengebirges entlangziehen. Trotz Vorbehalten bei den Tapo-Tikaute können die Schamanen sie schließlich überzeugen, die Helden mitzunehmen. Gemeinsam mit der Anführerin der Krieger der Tapo-Tikaute machen die Helden sich auf den Weg in die verborgene Stadt Kuruke-Wape. Nach einem spannungsreichen Zusammentreffen mit *Akku-Mijok*, dem König der Tapo-Tikaute, und dem ihm zur Seite stehenden Rat, werden die Helden mit einem Führer in die Tiefen der Stollen unter dem Regengebirge geschickt, um „den Atem der Welt“ aufzusuchen, die unsterbliche Riesenaffendame *Mey-Iao*. Mithilfe eines Knochenorakels weist sie den Helden den Weg durch die Tiefen unter dem Regengebirge. Am Ende der langen Wanderschaft durch die ewige Dunkelheit steht die erneute Konfrontation mit dem echsischen Stoßtrupp im *Tal der Tausend Echos*, einem der wenigen Zugänge zu den Pässen, mit denen man von Südosten zügig durch das Hochgebirge nach H'Rezxem gelangen kann. Können sie Chr'ho und seine Truppen besiegen sowie das Original der Jadestatue zu den Schamanen am *Kara'iri'itir* zurückbringen, haben sie nicht nur den ersten Schritt zur Enthüllung der verborgenen Stadt Kuruke-Wape und dem Eintritt der Tapo-Tikaute in das Gefüge Aventuriens eingeleitet, sondern auch den ganzen Süden Aventuriens fürs Erste vor einer schrecklichen Gefahr bewahrt.

Zur Wahl der Helden

Im Zentrum des Abenteuers stehen neben den Herausforderungen des Regenwalds die faszinierenden Kulturen der Waldmenschen in ihren ganz unterschiedlichen Facetten. Neben soliden Kenntnissen in Naturtalenten und dem einen oder anderem Schwertarm sind daher vor allem Offenheit dem Fremden gegenüber und ein gewisser Forscherdrang gefragt. Besonders geeignet sind Professionen wie Entdecker, Wildniskundige aller Couleur (am besten mit Fokus auf das Überleben im Dschungel) und natürlich wissbegierige Geweihte der Hesinde, des Nandus oder des Aves. Auch ein Held aus den Reihen der Waldmenschen oder Utulus lässt sich bedenkenlos ins Abenteuer führen!

Wenig geeignet sind Helden mit Vorurteilen gegen Waldmenschen oder sehr stark auf Gesellschaftstalente oder ein städtisches Parkett spezialisierte Charaktere. Insgesamt ist das Abenteuer aber so ausgelegt, dass es sich mit fast jeder Gruppenkonstellation bestehen lässt.

Verständigungsprobleme?

Die Helden werden während des Abenteuers **Jadegrün und Kobaltblau** Kontakt zu verschiedenen Stämmen der Waldmenschen haben. Diese sprechen, wenn überhaupt, nur sehr rudimentäres Garethi oder Tulamidya.

Optional – als Gehilfen von Notia Botero-Montez
Anstatt von Yalsinia ya Tarcallo nach dem Diebstahl angeworben zu werden, ist es durchaus möglich, dass die Helden stattdessen von Notia Botero-Montez mit dem Diebstahl der Statue und dann mit der Suche nach weiteren Hinweisen beauftragt werden. Natürlich müssen dafür einige Szenen verändert und auch im Ablauf gewisse Änderungen vorgenommen werden. Statt der Statue selbst sollten nur Aufzeichnungen und eine Zeichnung gestohlen werden können. Statt Port Peleiston bietet sich der Militärhafen Porto Paligan im Nordwesten Altoums als Anlaufpunkt an, und in Tyrinth treffen die Helden statt auf abweisende auf durchaus hilfsbereite Al'Anfaner. Zuletzt müssen natürlich auch die Rollen von Yalsinia ya Tarcallo und Notia Botero-Montez vertauscht werden. Anders als Yalsinia kann Notia die Helden auch durchaus als NSC über weite Strecken der Reise (z. B. bis Tyrinth oder ab Tyrinth bis zum Kara'iri'itir) begleiten.

Zwar ist die grundlegende Beherrschung der Sprache der Waldmenschen keine Voraussetzung für dieses Abenteuer, und die schwierige Kommunikation mit „Händen und Füßen“ kann gutes (und witziges) Rollenspiel hervorbringen, andererseits kann es auch das Leben des Meisters deutlich erschweren. Insgesamt ist es daher ratsam, dass zumindest einer der Helden die Sprache *Mohisch* auf Stufe II oder bestimmte Liturgien oder Zauber zur Verständigung beherrscht, um eine problemlose Kommunikation zu gewährleisten. Während die Darna und die Napewanha beide noch gewissen Kontakt zu den übrigen Kulturen in Meridiana pflegen, leben die Jecatoia und noch mehr natürlich die Tapo-Tikaute so abgeschieden, dass sie noch nie oder nur alle paar Generationen Kontakt zu Garethi sprechenden Fremden hatten.

Yalsinia ya Tarcallo

Die leidenschaftliche Forscherin *Yalsinia ya Tarcallo* (38, brillante Gelehrte; strenge Ausstrahlung, dünn und vergeistigt, trägt meist praktische Kleidung im Stil der Renascentia, verwendet zum Lesen Augengläser; Schlechte Eigenschaft (Neugier), Geographie 13 (17/17/15), Geschichtswissen 13 (17/17/15), Handel 6 (17/15/13), Sternkunde 10 (17/17/15), Tanzen 8 (17/13/11), Überreden 12 (13/15/13), Willenskraft 10 (13/15/13), SK 3) hat eine steile Karriere hingelegt und steht jetzt der auf ihre Initiative hin gegründeten Aves-Schule der Universität von Methumis vor. Obwohl sie sich eher in Bibliotheken und Archiven so richtig wohl fühlt, zieht sie es doch auch immer wieder hinaus in die Welt zur Feldforschung und auf gewagte Expeditionen. In den letzten Jahren ist Yalsinia, die an einer umfassenden Enzyklopädie der Völker Aventuriens arbeitet, auf die Spur des *Tabus* von Kuruke-Wape gestoßen und versucht, dieses zu entschlüsseln. Konkurrenz bekommt sie dabei von

ihrer al'anfanischen Collega Notia Botero-Montez, die dem gleichen Rätsel auf der Spur ist.
Weitere Informationen zu Yalsinia ya Tarcallo findest du in der **Regionalspielhilfe** auf Seite **112** und im **Heldenbrevier**.

Notia Botero-Montez

Eine Ausnahmeerscheinung unter den Gelehrten der Universität von Al'Anfa ist die rastlose Entdeckerin und Abenteurerin *Notia Botero-Montez* (36, brillante Entdeckerin; schwarzer Pferdeschwanz, gutaussehend, trägt stets eine Lederpeitsche und ein Rapier). Sie ist nicht nur eine herausragende Gelehrte, sondern auch eine echte Draufgängerin, die in unzähligen Expeditionen und gewagten Manövern dem Dschungel schon so manches Geheimnis und so manches Artefakt aus lang vergangenen Zeiten entrissen hat. Markenzeichen sind ihr Lederhut und die Peitsche, mit der sie meisterlich umzugehen versteht. Nimmt man dann noch ihr gutes Aussehen hinzu, verwundert es kaum, dass Notia sich – gerade unter den sonst eher verstaubten Gelehrten der Universität – kaum vor Verehrern retten kann und dies zu ihrem Vorteil zu nutzen weiß. Wie Yalsinia ist auch Notia schon seit einiger Zeit dem *Tabu* von Kuruke-Wape auf der Spur, wobei sie neben dem reinen Forschungsinteresse auch die eigene Herkunft antreibt.
Weitere Informationen zu Notia Botero-Montez findest du in der **Regionalspielhilfe** auf Seite **112**.

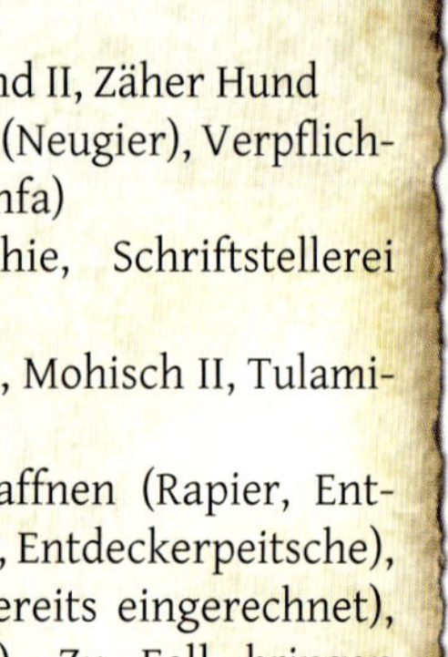

Notia Botero-Montez
MU 14 **KL** 15 **IN** 14 **CH** 15
FF 14 **GE** 16 **KO** 12 **KK** 12
LeP 32 **AsP** – **KaP** – **INI** 14+1W6
AW 8 **SK** 2 **ZK** 1 **GS** 7
Rapier: AT 18 **PA** 10 **TP** 1W6+5 **RW** mittel
Entdeckerpeitsche: AT 16 **PA** – **TP** 1W6 **RW** lang
RS/BE: 1/0 (schwere Kleidung) (Modifikatoren durch Rüstungen bereits eingerechnet)
Aktionen: 1
Vorteile: Fuchssinn, Gutaussehend II, Zäher Hund
Nachteile: Schlechte Eigenschaft (Neugier), Verpflichtungen II (Universität von Al'Anfa)
Sonderfertigkeiten: Kartographie, Schriftstellerei (Fachpublikationen)
Sprachen: Garethi, Bosparano III, Mohisch II, Tulamidya III
Kampfsonderfetigkeiten: Entwaffnen (Rapier, Entdeckerpeitsche), Finte I (Rapier, Entdeckerpeitsche), Einhändiger Kampf (Rapier, bereits eingerechnet), Verteidigungshaltung (Rapier), Zu Fall bringen (Entdeckerpeitsche)
Talente: Betören 10, Etikette 7, Fesseln 7, Geographie 10, Geschichtswissen 12, Körperbeherrschung 13, Sagen & Legenden 11, Sinnesschärfe 12, Sternkunde 10, Tanzen 10, Wildnisleben 10, Willenskraft 8

Optional – Der Faktor Zeit
Es ist immer spannend, wenn das Verhalten und die Fähigkeiten der Helden direkte Auswirkungen auf die Welt und das Abenteuer haben. Im vorliegenden Fall bietet sich die Implementierung eines Zeitfaktors an, der Einfluss auf das Gelingen und die Schwierigkeit des Abenteuers hat. Ganz allgemein erschweren eine Zeitlinie und Ereignisse, die voneinander abhängen, das Abenteuer natürlich teils deutlich, weshalb diese Mechanik sich vor allem für Gruppen anbietet, die eine gewisse Erfahrung mitbringen. Der Gesamtablauf sieht folgende Stationen vor:

Datum	Ereignis
30. Praios	Fest zu Ehren des Geburtstags von Refardeon II. in Hôt-Alem, Diebstahl der Jadestatue durch Notia Botero-Montez
05. Rondra	Ankunft in Port Peleiston (wenn die Gruppe umgehend aufgebrochen ist)
06. bis ca. 15. Rondra	Expedition in die Dschungel Altoums zu den Darna und Jecatoia
19. Rondra	Ankunft in Tyrinth
20. bis 22. Rondra	Beginn der Reise zum Hochland von H'Rabaal, Gefangennahme von Notia Botero-Montez
26. bis 28. Rondra	Ankunft am Kara'iri'itir
28. Rondra	Angriff der Echsen auf den Ritualplatz
29. bis 30. Rondra	Reise nach Kuruke-Wape, Reinigung, Aufbruch in die Kavernen unter dem Regengebirge
01. bis 03. Efferd	Reise unter Tage zum Tal der Tausend Echos
03. Efferd	Kampf im Tal der Tausend Echos
07. Efferd	letztmöglicher Tag zur Durchführung des Rituals am Kara'iri'itir, danach endet die für dessen Gelingen notwendige Sternenkonstellation im Auge des Satinav

Die Helden stehen somit unter Zeitdruck, denn schon ohne jegliche Abweichungen vom schnellstmöglichen Weg dürften die Helden mindestens 30 Tage benötigen, um die Aufgabe im Ganzen zu bewältigen. Da der Zeitrahmen sehr eng gefasst ist, musst du als Meister natürlich entscheiden, wo und in welchem Umfang du eventuell Abstriche machen willst. Insbesondere wenn die Helden nach ihrem Besuch auf Altoum den Umweg über Hôt-Alem nehmen müssen (siehe Seite **24**), da sie die Jadetafel nicht vernünftig entziffern konnten, wird es für die Helden schnell sehr eng, den Ritualplatz noch halbwegs rechtzeitig zu erreichen.

IN JADEGRÜNEN WÄLDERN

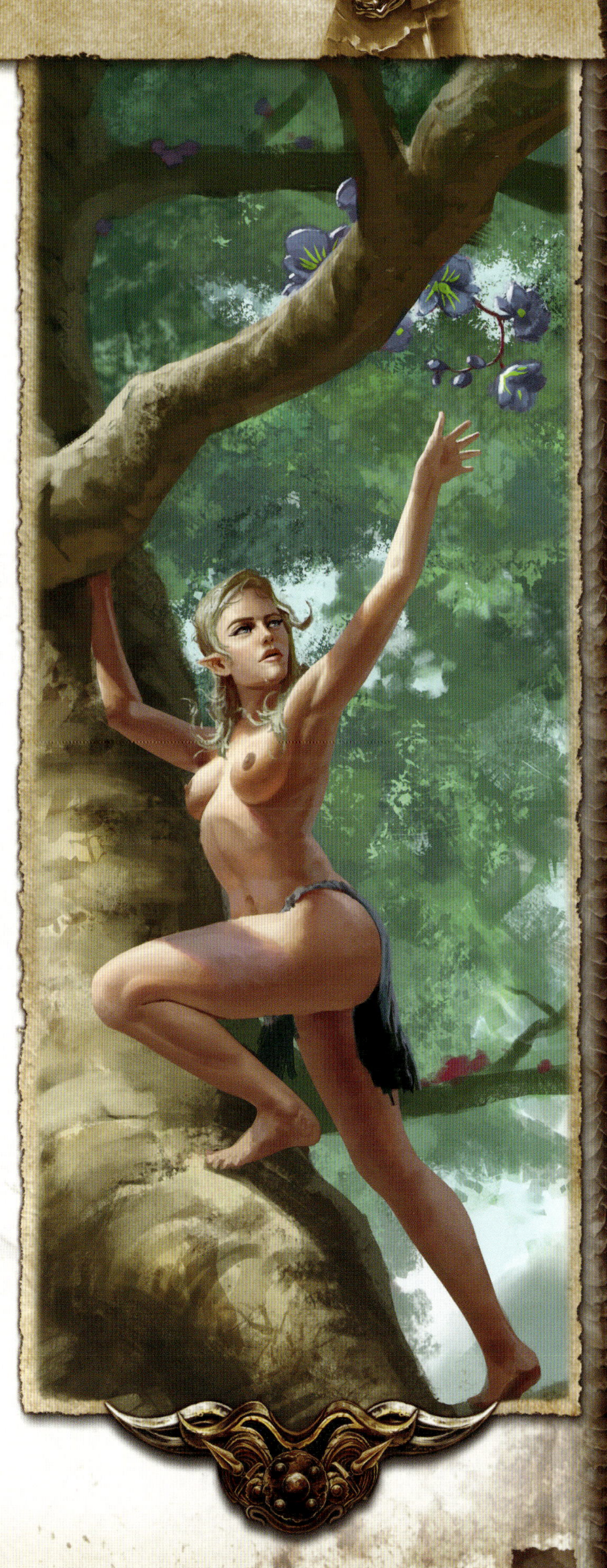

»Glaubt mir, lieber Magister, dort unten, tief in den undurchdringlichen Wäldern Meridianas, liegen Geheimnisse verborgen, von denen sich unsereiner nicht einmal eine Vorstellung macht. Umso wichtiger erscheint es doch, dort nach altem Wissen und verborgenen Geheimnissen zu suchen, wo kaum je ein Auge hingeblickt hat. So habt Ihr doch bestimmt von diesem geheimnisvollen See gehört, irgendwo hoch oben gelegen an den Gipfeln des Hochlands von H'Rabaal. Loch Haradur, Auge der Mada, nein, wirklich, mein Lieber, schon die Namen bringen mich zum Rätseln, was es mit diesem Ort auf sich haben könnte. Und es ist ja nur einer von vielen, einer von vielen, versteht Ihr?«
—die horasische Entdeckerin Talissia ya Tallignon auf einem Treffen der Avesfreunde zu Vinsalt im Gespräch mit einem Magier aus Bethana, neuzeitlich

»Als die Welt noch jung war und Kamaluq selbst durch die ewigen Wälder und tiefen Täler der Welt zog, da kam eine große Gefahr aus dem Süden und drohte großes Unglück über das Land der Napewanha und der Mohaha, der Anoiha und Oijaniha, der Panaq-Si und selbst der tapamlosen Yakosh-Dey zu bringen. Doch Kamaluq sah die Not seiner Kinder und band die große Gefahr hoch oben in weißem, hartem Wasser durch seine Kraft. Und so halten wir Wache, und so werdet ihr Wache halten, wenn ihr Jäger und Krieger seid. Möge Kamaluq seine schützende Hand immer über uns halten, denn wehe, wenn die Wache endet! Feuer und Tod, Vernichtung und Elend wird über die Stämme kommen und das Land versehrt zurücklassen ... Also esst jetzt schön euren Maniok-Brei auf, damit ihr groß und stark werdet!«
—eine alte Napewanha zu den Kindern des Stammes beim Mittagessen, neuzeitlich

In diesem Kapitel werden die Helden in Hôt-Alem angeworben, sich auf die Suche nach dem Ursprung der Jadestatuette zu begeben, die Yalsinia ya Tarcallo in die Hände gefallen ist. Sie nehmen an einer Feierlichkeit zu Ehren des Fürst-Protektors von Hôt-Alem teil, in dessen Zuge die Statuette gestohlen wird. Die Spur des Kleinods – und der Diebin – führt auf die Insel Altoum und tief ins Altimontgebirge hinein, wo die Helden Bekanntschaft mit zwei Stämmen der Waldmenschen machen.

Eine detaillierte Beschreibung Hôt-Alems findest du in der **RSH** ab Seite **27**.

Hôt-Alem

Die Sonnenstadt Hôt-Alem ist eine Ausnahmeerscheinung im Tiefen Süden. Als einzige Kolonie des Mittelreichs in Meridiana herrschen hier teilweise Sitten, die deutlich mehr an die Nordmarken, Garetien oder den Kosch erinnern als an die umliegenden freigeistigen und im Norden nicht selten verrufenen Stadtstaaten und Reiche. Neben der Gesellschaftsstruktur spiegelt sich dies auch in der Architektur der neueren Gebäude und im Glauben wider. In Hôt-Alem ist die Verehrung des Götterfürsten Praios besonders stark, und mit dem aus Drôl geflohenen Praionor di Balligur ist sogar der Wahrer der Ordnung der Sonnenlande (der höchste Praiosgeweihte in Meridiana) als Exilant in der Stadt ansässig. Hôt-Alem bietet deinen Spielern mit seiner nach mittelreichischer Sitte lebenden Ober- und Mittelschicht und den hier und da anzutreffenden – für den Süden nicht sonderlich geeigneten – Fachwerkhäusern einen recht einfachen Einstieg in die Welt Meridianas. Der bei weitem größte Teil der Bevölkerung setzt sich aber auch in Hôt-Alem aus dem typisch meridianischen Völkergemisch aus bosparanischen Siedlern, tulamidischen Einwanderern, kem'schen Kriegsflüchtlingen, Waldmenschen und allen möglichen Zwischenstufen. Als Kuriosum müssen allenfalls Zwerge und Elfen gelten

Wieso befindet sich mein Held in Hôt-Alem?
Natürlich gibt es eine ganze Reihe von möglichen Gründen, wieso es die Helden nach Hôt-Alem verschlagen hat. Auf jeden Fall werden sie die Stadt, wenn sie nicht gerade aus ihr stammen, am ehesten per Schiff erreicht haben. Typisch für Reisende in dieser Gegend wären Söldner, die ein Handelsschiff begleitet haben; Glücksritter auf der Suche nach Gelegenheiten, Geld und Ruhm zu erwerben; oder Gelehrte, die sich für Kultur, Architektur oder Historie Meridianas interessieren. Ebenso ist es gut möglich, dass der eine oder andere Held nur auf der Durchreise in Hôt-Alem Station macht, um anschließend zum Beispiel nach Al'Anfa oder in Richtung des Meeres der Sieben Winde weiterzureisen. Die Reise der Heldengruppe nach Hôt-Alem kann natürlich auch gut dafür genutzt werden, um die Gruppe überhaupt erst zusammenzuführen, falls die Helden sich noch nicht kennen.

Was weiß mein Held über Hôt-Alem?
Proben auf die untenstehenden Talente sind für Helden, die weder aus dem Mittelreich noch aus dem Horasreich oder Meridiana stammen um –1 erschwert. Ein aus Hôt-Alem stammender Held kennt zumindest die jüngere Stadtgeschichte sowie den Herrscher Refardeon II., den im Exil lebenden Praionor di Balligur sowie die Greifkatzen.

Probe auf *Geschichtswissen (Tiefer Süden)*

QS 1 – Das Fürst-Protektorat Hôt-Alem hat eine bewegte Geschichte mit vielen verschiedenen Herren hinter sich. Erst seit relativ kurzer Zeit (1013 BF) sind die Stadt und das umliegende Land ein direkt der Kaiserin unterstellter Außenposten des Mittelreichs in Meridiana.
QS 2 – Hôt-Alem war immer eine besonders dem Praiosglauben zugetane Stadt, wurde aber als eher kleiner Stadtstaat trotz nomineller Unabhängigkeit meist ein Spielball der Interessen der umliegenden Reiche. Der regierende Fürst-Protektor Refardeon II. entstammt der traditionellen Herrscherfamilie und unterstellte sein Reich auf eigenes Bitten dem Mittelreich, um sich vom übermächtigen Einfluss Al'Anfas zu lösen.
QS 3 – Hôt-Alem wurde als Hôt-Elem einige hundert Jahre vor Bosparans Fall von Siedlern aus Brabak und Elem gegründet. Seit dem Abfall der Südprovinzen des Neuen Reiches nach der Priesterkaiserzeit haben verschiedene Herren die Stadt beherrscht, darunter Brabak, Al'Anfa und Piraten aus Charypso. Zuletzt belagerten die Kemi von 1018 bis 1026 BF die Stadt, bevor sie einen Friedensvertrag mit dem Mittelreich schlossen.
QS 4+ – Von Hôt-Alem ging die erste gelungene Offensive gegen das Waldmenschenreich der grausamen Wudu aus. Der starke Praiosglaube reicht lange zurück und hat sich über die Jahrhunderte gehalten.

Probe auf *Götter & Kulte (Praios)*

QS 1 – Hôt-Alem ist ein Zentrum des Praiosglaubens in Meridiana.
QS 2 – Der Herrscher Refardeon II. war vormals selbst ein Geweihter. Der Wahrer der Ordnung Sonnenlande, Praionor di Balligur, lebt im Exil in der Stadt, wohin er nach einer Intrige in seiner Heimat, dem südlichen Horasreich, geflohen ist.
QS 3 – Selbst gegen Ende der Priesterkaiserzeit (Herrschaft der Praiosgeweihten im Mittelreich von 335 bis 465 BF) gab es in Hôt-Alem keine Aufstände gegen die Praioskirche.
QS 4+ – Auf der hohen Kuppel des Praiostempels in Hôt-Alem halten sich häufig Greifkatzen auf; kleine, Greifen ähnelnde Tiere, die in der Stadt auch als Haustiere gehalten werden.

Probe auf *Etikette (Klatsch & Tratsch)*

QS 1 – Hôt-Alem wird auch die Sonnenstadt genannt, weil man dort Praios besonders inbrünstig verehrt.
QS 2 – Man erzählt sich, dass in Hôt-Alem kleine geflügelte Katzen leben.
QS 3 – Auch wenn Hôt-Alem zum Mittelreich gehört, sind viele Bewohner typische Meridianer mit entsprechend geprägter Lebensweise und Weltsicht.
QS 4+ – Es heißt, der Fürst-Protektor sei nicht mehr bei bester Gesundheit, und die Macht läge nun hauptsächlich bei seinen Beratern aus dem Mittelreich.

Ankunft in Hôt-Alem und Prozession zu Ehren Refardeons II.
Die Helden sollten kurz vor oder spätestens am Morgen des 30. Praios in Hôt-Alem eintreffen. So sind sie für einen

Teil der Feierlichkeiten zum Geburtstag des Fürst-Protektors Refardeon II. vor Ort und können am Abend am Ball im noblen Gasthaus *Jadepalast* (Q6/P6/S24) teilnehmen. An diesem letzten Tag des sich in Hôt-Alem besonders durch Feierlichkeiten zu Ehren des Praios auszeichnenden Monats putzt sich ganz Hôt-Alem ein letztes Mal groß heraus und feiert ein großes Fest zu Ehren des Fürst-Protektors und des Götterfürsten. Die Straßen und Häuser sind mit sonnengelben Wimpeln geschmückt, und viele Personen, deren Haarlänge es erlaubt, tragen traditionellerweise eine gelbe Blume zwischen den Strähnen. Überall werden Schänken, Hinterhöfe und in den ärmeren Teilen der Stadt sogar die staubigen Gassen geputzt und für die überall in der Stadt stattfindenden Feierlichkeiten am Abend vorbereitet. Höhepunkt des Tages ist die mittägliche Prozession der Praiosgeweihten, Würdenträger und Gläubigen vom zentral gelegenen Praiostempel, dem größten und eindrucksvollsten Gebäude der Stadt, zum Fürstenpalast und zurück. Nachdem die Prozession anschließend noch zwölfmal den Tempelbau umrundet hat, hält *Solareon di Morundi* (siehe **RSH** Seite **29**), der Vorsteher des Tempels, unter freiem Himmel eine Messe für die Gläubigen ab. Begleitet wird die Prozession von den in Hôt-Alem typischen Greifkatzen, die sich während der Messe andächtig auf der riesigen Kuppel niederlassen. Nach Abschluss des Gottesdienstes ist es üblich, sich bis zum Abend im stillen Gebet an den Herrn Praios zu wenden und zu fasten, bevor überall in der Stadt gefeiert wird, weshalb an diesem Tag auch alle Tätigkeiten ruhen und alle Geschäfte bis auf Gasthäuser und Hotels geschlossen sind.

Der Ball im Jadepalast

Jeder, der etwas auf sich hält, ist am Abend eingeladen, am Ball im Hotel *Jadepalast* teilzunehmen. Dies gilt insbesondere auch für Fremde, die in der Stadt weilen. Diese werden nach dem Geschehen in der Welt ausgefragt, vor allem, wenn sie aus dem Mittelreich kommen. Du kannst den Helden eine offizielle Einladung in ihr Gasthaus schicken lassen, wenn diese schon in der Stadt sind, oder sie werden während der Prozession auf der Straße aufgefordert, den Ball zu besuchen.

Der Jadepalast

Das große, dreistöckige Gebäude liegt direkt an der breiten Palmenallee, einer großen, zum Palast des Fürst-Protektors führenden Prachtstraße ganz in der Nähe des zentralen Greifenplatzes. Vor dem Eingang stehen zu jeder Tages- und Nachtzeit zwei livrierte Diener in jadegrünen Uniformen mit silbernen Applikationen, welche den vornehmen Gästen die Tür aufhalten, ohne dabei eine Miene zu verziehen. Gleich dahinter liegt die große Halle, die im vorderen Bereich einige Sitzgelegenheiten, eine kleine Wasserfontäne und einen Empfangstresen aufweist. Dahinter liegt ein von einer Galerie umgegebener Saal, aus dem anlässlich des am Abend des 30. Praios stattfindenden Balls alle Möbel entfernt wurden. Am hinteren Ende des Saals, der sonst als edles Speiselokal dient, führt eine nach oben hin schmaler werdende Freitreppe in den ersten Stock, wo sich auch die einfacheren Zimmer befinden. Die Suiten sich hingegen im zweiten Stock, der über zwei Treppen von der Galerie aus zu erreichen ist. Für den Ball wurden der Innenraum und die Treppen mit gelben Blumen geschmückt und von der Decke hängt ein überdimensionaler Kronleuchter in Sonnenform.

Der Ball

Der Ball selbst beginnt zur vollen Hesindestunde (18 Uhr) und endet zur vollendeten Praiosstunde (1 Uhr nachts). Jeder, der in Hôt-Alem etwas auf sich hält, vom besseren Handwerker bis hin zum hohen Beamten und weniger bedeutenden Patrizier und Adligen, lässt sich zumindest für eine Weile beim Ball blicken, der einen der Höhepunkte im gesellschaftlichen Leben der Stadt darstellt. Allein die wichtigsten und vornehmsten Bewohner der Stadt sind in den Palast zum Bankett mit Refardeon II. geladen. Der Ball ist auch einer der wenigen Anlässe, bei der die sonst vornehmlich nebeneinanderher existierenden Stände aufeinandertreffen. Gerade in Zeiten der sozialen Spannungen erhofft man sich in gewissen Kreisen eine positive Wirkung. Krieger, Geweihte und Magier sowie andere Helden von Stand (oder jene, die so wirken) werden sogleich von den höhergestellten Gästen belagert und über die Reise, das Woher und Wohin sowie Neuigkeiten aus dem Norden ausgefragt. Gelehrte und Magier, die als solche zu erkennen sind, werden im Verlauf des Abends zudem von Yalsinia ya Tarcallo angesprochen und nach einem anfänglichen Schwätzchen auch zum Tanz aufgefordert. Gutaussehende Helden

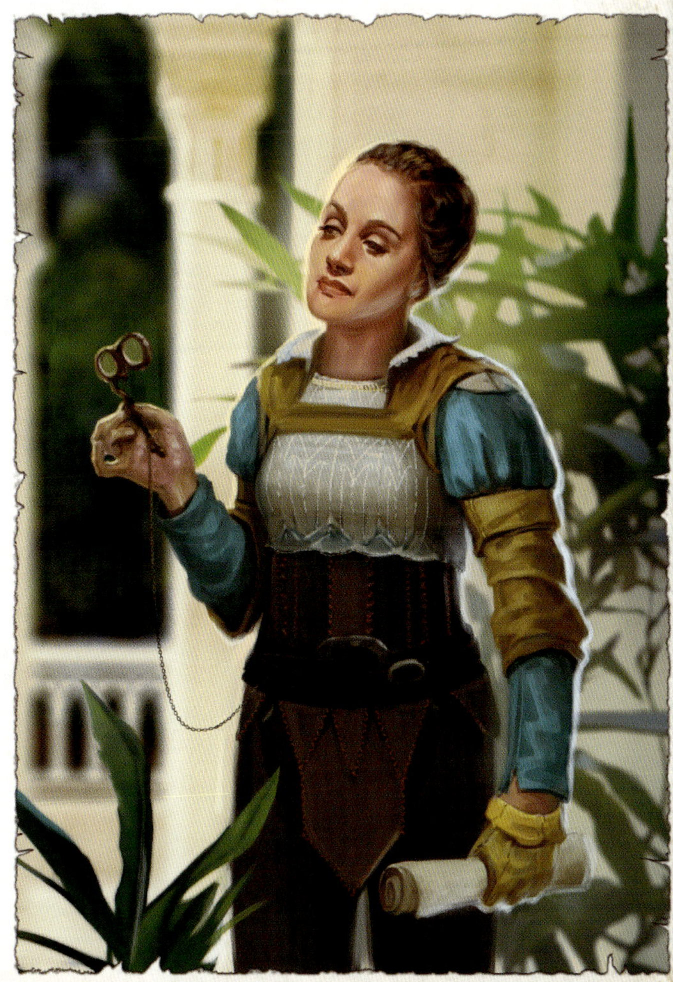

jeden Geschlechts werden im Laufe des Abends von Notia Botero-Montez recht forsch-frech umgarnt. Handwerker, Krämer und kleine Händler wenden sich interessiert mit neugierigen Fragen an Helden mit einem niedrigeren Sozialstatus. Elfen und Zwergen begegnet man mit ungläubigem Erstaunen und ausgesuchter Höflichkeit, stellen sie in Hôt-Alem doch etwas extrem Exotisches dar. Insbesondere Elfen werden die wenigsten Gäste überhaupt schon einmal zu Gesicht bekommen haben. Dementsprechend vorsichtig wird man sich solchen Helden nähern und immer wieder um Verzeihung bitten, bevor und nachdem es gewagt wurde, eine Frage an sie zu richten. Der Tanz wird zur Firunstunde (19 Uhr) durch den Händler und Gastgeber ♟ *Leomar Garje* (siehe unten) und den diesjährigen Ehrengast ♝ *Yalsinia ya Tarcallo* (siehe Seite 7) eröffnet.

Getränke & Speisen

Altoumer Gerstensaft	4 Heller
Stierblut aus Almada (kräftiger Rotwein)	1 Silber
Bosparanjer (Schaumwein)	2 Silber
Weißer Elenviner (einfacher Weißwein)	6 Heller
Krokodil-Schaschlik	1 Silber
Fischsuppe	7 Heller
Crostini à la Jadepalast (gegrilltes Brot mit grüner Kräutertapenade)	5 Heller

Kurze Zeit nach dem Eröffnungstanz erscheint Notia Botero-Montez in einem eng geschnürten Ledermieder über einem weißen Rüschenhemd, engen roten Hosen, kniehohen Lederstiefeln, einem mit Tigeraugen besetzten bronzenen Armreif und ihrem breiten Lederhut mit der gelben Feder eines Tropenvogels an der Seite von Alrik von Harbensteen. Das gemeinsame Erscheinen der beiden führt zu einigem Getuschel.

„Hat der Junge wieder eine Eroberung gemacht, bei Rahja, der lässt auch wirklich nichts anbrennen!“
„Der junge von Harbensteen, habt ihr ihn schon kennengelernt? Es heißt, seine Familie hat ihn nach Hôt-Alem geschickt, weil er in Gareth einer Dienstmagd ein Kind gemacht hat ...“

Einige Gäste

- ♟ *Leomar Garje* (47, weizenblond und schlank, prunkvolle Kleidung, aristokratisches Auftreten, Gehstock aus Mohagoni mit goldenem Knauf, brillanter Händler; Handel 16 (15/15/15), Willenskraft 13 (15/15/15), SK 2) stammt aus Gareth und hat sich aus moderaten Verhältnissen zu einem bedeutenden Händler hochgearbeitet. Er tritt als Sponsor des Balls auf und eröffnet diesen mit Yalsinia.
- ♟ *Alrik von Harbensteen* (Anfang zwanzig, gutaussehender Stutzer, blassgelbes Leinenhemd mit Rüschen, präsentiert stolz seine spärlich behaarte Brust, eng anliegende Hose aus dunklem Wildleder und prächtige Lederstiefel, stadtbekannter Schwerenöter auf stetiger Suche nach neuen amourösen Abenteuern; Gutaussehend II, Betören 10 (11/14/14), Sinnesschärfe 2 (10/12/12), Willenskraft 0 (11/12/14), SK 1) führt Botero-Montez als neue Eroberung auf dem Ball vor. Er stammt aus Gareth, wurde jedoch von seinen Eltern aufgrund einer Affäre nach Hôt-Alem geschickt, bis Gras über die Sache gewachsen ist.
- ♟ *Ronwulf Immenstatt* (44, stämmig, wohlgestutzter Bart, hartnäckig, meisterlicher Händler; Handel 14 (14/14/14), Willenskraft 15 (14/14/14), SK 2) ist einer der wohlhabendsten Kaufleute der Stadt. Er tritt jovial auf und schützt seine Tochter Irmelgunde mit übertriebener väterlicher Liebe vor allen „zudringlichen Verehrern“.
- ♟ *Irmelgunde Immenstatt* (20, schlanke junge Dame mit feuerroten Haaren und großer Nase, naiv und rachsüchtig; Willenskraft 4 (11/12/11), SK 1) schmeißt sich an gutaussehende Fremde heran und fordert diese zum Tanz auf, ist bei Desinteresse aber schnell beleidigt und hetzt dann ihren Vater auf ihre Opfer.
- ♟ *Alvara al'Zahra* (40, Besitzerin des Jadepalasts, gebürtige Aranierin, gewiefte Geschäftemacherin; Handel 10 (14/15/16), Sinnesschärfe 7 (14/15/15), Willenskraft 8 (12/15/16), SK 2) hält sich während des Festes eher im Hintergrund, ist einem Plausch oder einem Tänzchen aber nicht abgeneigt.

Der Diebstahl

Am späten Abend, wenn das Fest weiter fortgeschritten und der Alkoholpegel der meisten Anwesenden deutlich gestiegen ist, entwendet Notia Botero-Montez in einem gewagten Manöver beim Tanzen den Schlüssel zu Yalsinia ya Tarcallos Zimmer aus deren Tasche und verschwindet danach mit Alrik von Harbensteen hinauf auf die Galerie und von dort aus in den 2. Stock zum Zimmer ya Tarcallos. Du kannst den Diebstahl beim Tanz eines Helden mit ya Tarcallo oder Notia Botero-Montez stattfinden lassen, wenn dies passend erscheint. Ansonsten werden die Helden Zeugen, wie die junge Al'Anfanerin mit ihrem Ledermieder die horasische Gelehrte wie zufällig beim Tanzen anrempelt, die daraufhin das Gleichgewicht verliert und geistesgegenwärtig von Notia Botero-Montez aufgefangen wird. Nach umständlichen Entschuldigungen und Verbeugungen sieht man Botero-Montez am Arm von Alrik von Harbensteen eilig die Treppe zu den Zimmern hinauf verschwinden.
Natürlich können die Helden den Diebstahl bemerken. Hierfür muss eine Probe auf *Sinnesschärfe (Wahrnehmen)* –3 abgelegt werden.

Probe auf *Sinnesschärfe (Wahrnehmen)* –3

1 QS – Dem Helden kommt der Vorfall seltsam vor.
2 QS – Dem Helden fällt auf, dass Notia Botero-Montez die Gelehrte absichtlich aus dem Gleichgewicht bringt.
3 QS + – Dem Helden fällt zudem auf, dass Notia geschickt etwas Glänzendes in ihr Ledermieder schiebt.

Falls keinem der Helden die Probe gelingt oder dieser galant darüber hinweggeht, ohne ya Tarcallo über die kleine Scharade aufzuklären oder zu befragen, gesellt sich diese mit einem Glas Bosparanjer zu den Helden und stellt sich der Gruppe vor, falls dies noch nicht geschehen ist. Sie erzählt begeistert von ihrem Erfolg bei der Gründung der Aves-Schule und zeigt sich interessiert an den Plänen der Helden, bevor sie erbleicht und hektisch beginnt ihre Taschen zu durchsuchen, als sie den Diebstahl des Schlüssels bemerkt.

Yalsinia lässt die Helden daraufhin einfach stehen und eilt umgehend durch den Ballsaal zur Treppe. Folgt die Gruppe ihr, ziehen sie natürlich sämtliche Blicke auf sich und selbst einige der Tänzer werden innehalten. Im zweiten Stock des Hotels, wo sich die vier besten Zimmer befinden, eilt ya Tarcallo direkt zu ihrer Suite und findet die Tür offenstehend. Im Inneren des komfortablen Zimmers bietet sich ein wahrlich chaotisches Bild: Schränke und Schubladen sind durchwühlt, Stühle umgekippt und auf dem Sofa liegt zu allem Überfluss der gefesselte und geknebelte Alrik von Harbensteen, der mit dem Kopf heftig in Richtung der geöffneten Fenster weist, wo leicht erkennbar ein dünnes Seil festgeknotet ist. Sobald feststeht, dass Notia Botero-Montez die Jadestatue gestohlen hat, muss Yalsinia sich an jemandem oder etwas festhalten, um nicht zusammenzubrechen.

Sollten die Helden Yalsinia zu schnell auf den Diebstahl ihres Zimmerschlüssels aufmerksam machen, als dass Notia genügend Zeit hätte, mit der Statue zu entkommen, bietet es sich an, dass Notia den Schlüssel gegen einen anderen ausgetauscht hat statt ihn einfach nur zu stehlen. Auf einen möglichen Diebstahl angesprochen, bemerkt Yalsinia so zunächst nicht, dass sie nicht mehr im Besitz *ihres* Zimmerschlüssels ist, erinnert sich jedoch später an die hilfreichen Helden.

Alrik von Harbensteen

Der junge Adelsspross erscheint weniger geschockt oder verärgert denn fröhlich („*Was für eine Frau! Bei Rahja, ich glaube, ich habe mein Herz verloren!*"). Er bestätigt natürlich gerne, um wen es sich bei der dreisten Diebin handelt, und erzählt auch direkt begeistert von seinem „Unglück": Notia hat ihn hier zum Zimmer gebracht, es mit einem Schlüssel aufgeschlossen und ihn dann mit seinem Einverständnis gefesselt, um das Liebesspiel aufregender zu gestalten. Dann habe sie ihm einen Kuss gegeben, ihn geknebelt und zu seinem Erstaunen damit begonnen, das Zimmer zu durchsuchen. Mitgenommen hat sie eine kleine Statue aus grünlichem Stein.

Eine Verfolgungsjagd

Wenn die Helden sich gleich an die Fersen von Notia Botero-Montez heften wollen, können sie ihren Weg durch gelungene Proben auf *Fährtensuchen (humanoide Spuren)* (wofür eine Lichtquelle oder Dunkelsicht vonnöten sind) und *Gassenwissen (Informationssuche)* bei den Feiernden auf der Straße bis zum Ufer des Tirob nahe dem Efferdtempel verfolgen. Dort findet sich der auffällige Armreif, den Notia auf dem Ball trug, oder die gelbe Vogelfeder von ihrem Hut, ansonsten aber nicht mehr als die Dunkelheit, das Plätschern der Wellen am Ufer und die undeutlichen Schemen und Lichter der Armen- und Fischerhäuschen auf der anderen Flussseite. Die Spur der Diebin verliert sich hier.

Der Auftrag

Am Morgen nach dem Diebstahl lässt Yalsinia ya Tarcallo die Helden zu sich bitten, wenn diese Zeugen der Geschehnisse geworden sind, oder sie wird in der Stadt eine Belohnung von 20 Dukaten pro Person ausloben, die sich daran beteiligt, die Statue zurückzuholen oder ihrer Bedeutung nachzuspüren. Werden die Helden vorstellig, erzählt sie ihnen von ihren Nachforschungen zu einem *Tabu* der Waldmenschen (der legendären Stadt Kuruke-Wape), von Nepi-Luhan und dem Auffinden der Statue. Von dieser hat sie glücklicherweise schon vor dem Diebstahl eine detaillierte Zeichnung angefertigt. Da die Statue aus Jade bestand, geht Yalsinia davon aus, dass sie aus dem Altimont genannten Gebirge im Zentrum der Insel Altoum stammt. Immerhin ist dies der einzige Ort in Aventurien, wo bekanntermaßen Jade gefunden und abgebaut wird. Dort lebt auch der geheimnisvolle Waldmenschenstamm der Darna, mit deren Stil die Statue eine gewisse Ähnlichkeit aufweist. Yalsinia bietet pro Held 20 Dukaten für Informationen über die Herkunft und den Zweck der rätselhaften Statue sowie für einen sorgfältigen Bericht über den Verlauf der Expedition, wenn diese für sie nach Altoum aufbrechen. Neben der Belohnung hilft sie bei der Suche nach einem Schiff und gibt den Helden eine angemessene Summe (15 Dukaten) für die notwendige Ausrüstung sowie die Zeichnung der Jadestatue mit. Für die Wiedererlangung der Statue – auf die ya Tarcallo nicht wirklich zu hoffen wagt – gäbe es selbstverständlich eine Prämie.

Bei der gestohlenen Jadestatue handelt es sich um eine zwanzig Halbfinger hohe Statue aus massiver Jade, die eine stilisierte menschliche Figur ohne Arme mit einem rockartigen Gewand und einem Jaguarkopf mit geöffnetem Maul darstellt. Der Kopf ist von einem mehrstufigen Kopfschmuck umgeben, gekrönt von einem rechteckigen Part, auf dem sich Symbole befinden, die sich bei einer erfolgreichen Probe auf *Magiekunde -2* mit dem Element Humus und seinem Gegenelement, dem Eis, in Verbindung bringen lassen.

Auch über Notia Botero-Montez weiß Yalsinia Interessantes zu berichten: Sie ist eine Konkurrentin, die auf demselben Gebiet forscht wie Yalsinia und eine – wie sie nur zerknirscht zugeben mag – anerkannte Spezialistin für die Kulturen der Waldmenschenstämme mit einem Lehrstuhl an der Universität von Al'Anfa.

Ein Schiff, Ausrüstung und Informationen

Bevor die Helden nach Altoum aufbrechen können, müssen sie natürlich ein passendes Schiff finden. Hier springt ihnen ya Tarcallo zur Seite, indem sie die Capitana *Yolandra Sansouris* (Mitte dreißig, Augenklappe, Affe in Matrosenuniform auf der Schulter, kurze blonde Haare, stahlgraue Augen, Hakennase, raucht gerne Pfeife, kompetente Kapitänin aus Brabak; Boote & Schiffe 13 (13/15/14), Willenskraft 11 (15/14/13), SK 2) und ihren Küstensegler *Santa Efferdane* anheuert, um die Helden nach Altoum zu bringen. Der Küstensegler hat außerdem eine Ladung aus Mengbillaner und Drôler Stoffen sowie Töpferwaren aus dem Horasreich an Bord, die eigentlich nach Al'Anfa gehen sollten. Trotzdem bleibt für die Helden natürlich viel vorzubereiten – und das in kürzester Zeit. Die notwendige Ausrüstung für eine Expedition in den Dschungel kann aber auch in Port Peleiston noch ergänzt werden. Wasser, Nahrung und Zelte gehören zur Grundaustattung. Darüber hinaus sind Beile oder Haumesser, Kochgeschirr, Alternativen zu Feuerholz (das ewig nasse Holz des Regenwaldes ist ohne magische oder karmale Hilfe nicht nur kaum zu entzünden, sondern führt meist auch zu einer ganz fürchterlichen Rauchentwicklung), Ersatz-Bogensehnen (die im Regenwald eine kurze Halbwertszeit haben) und ähnliches höchst praktisch. Eine Liste für typische Ausrüstungsgegenstände für eine Expedition in den Dschungel mit Preisen findest du auf Seite **16**. Zusätzlich zu dem Wissen, das die Helden vielleicht über Altoum besitzen (siehe unten), kann Yalsinia ya Tarcallo den Helden mit einigen nützlichen Informationen und Hilfestellungen zur Seite stehen:

- Auf Altoum leben neben den Darna auch noch der Waldmenschenstamm der Haipu im Osten sowie der Utulu-Stamm der Tscholuq im südwestlichen Teil der Insel.
- Der Altimont ist das fast das gesamte Zentrum der Insel einnehmende Gebirge, dessen Gipfel bis über 3.000 Schritt in den Himmel ragen und an dessen Ausläufern die Darna leben sollen.
- Seit der geheimnisumwobenen Zerstörung von Altäia bietet sich Port Peleiston noch am ehesten als Ausgangspunkt für eine Expedition in das Innere der Insel an.
- Einen Führer und fehlende Ausrüstung können die Helden bei dem ya Tarcallo bekannten Händler *Rondrigo Denares* (siehe Seite **15**) in Port Peleiston finden, der vielleicht auch noch über weitere wertvolle Informationen verfügt.
- Über die Darna, welche die Helden aufsuchen sollen, werden in Fachkreisen wundersame Dinge berichtet (siehe **RSH** Seiten **63** und **103**), es existieren aber kaum Berichte aus erster Hand.

Die Reise von Hôt-Alem nach Port Peleiston kann auf dem schnellen Küstensegler *Santa Efferdane* in etwa vier bis sechs Tagen bewältigt werden. Der Weg über das Meer ist wie eine weitere Seereise später in diesem Abenteuer als Zwischenspiel gedacht. Natürlich muss das nicht bedeuten, dass man die Tage einfach nur erzählerisch abhandelt. Das Meer und die Gewässer zwischen Hôt-Alem und der Ostküste Altoums wimmeln geradezu von Piraten, al'anfanischen Kriegsgaleeren und natürlichen Gefahren wie Flauten oder Stürmen.

Altoum

Port Peleiston

Port Peleiston ist ein kleiner befestigter Vorposten des Königreichs Brabak und wird neben dem Handel mit den Waldmenschenstämmen der Darna und Haipu vor allem von Schiffen der inzwischen in Auflösung begriffenen „Goldenen Allianz" genutzt, die auf dem Weg zu den Kolonien und Niederlassungen auf den sich an Altoum anschließenden Inselketten sind. Die rund 300 Einwohner leben hinter schützenden Palisaden. Vor den Toren des Städtchens wird auf gerodetem Land zaghafter Ackerbau betrieben und Fischerboote beuten die reichen Fischgründe aus. Daneben ist Port Peleiston auch für seine Perlentaucher bekannt. Die Häuser der Stadt bestehen bis auf die aus Steinen errichtete, befestigte Residenz des Gubernators, in welcher auch die Garnison untergebracht ist, fast gänzlich aus dem Holz der umliegenden Regenwälder oder aus Lehm. Auffällig sind die Häuser im kem'schen Stil, die von einigen Siedlern aus dem Kemi-Reich errichtet wurden. In den Straßen herrscht buntes Treiben – von Mittelländern und Horasiern über Tulamiden und Kemi bis hin zu Waldmenschen und Utulus sind Menschen unterschiedlichster Herkunft gegenwärtig. Besonders an Markttagen sind auch einige Waldmenschen der umliegenden Sippen und Stämme in der Stadt anzutreffen, zumeist Haipu, die ihre Waren gegen Gebrauchsgegenstände aus Metall, Salz und andere Alltagsgüter tauschen. Übernachten kann man im rustikalen Gasthaus *Zum Tanzenden Holzbein* (Q3/P3/S8) oder im bei Durchreisenden mit tiefen Geldbörsen beliebten *Hotel Seeblick* (Q4/P5/S10). Am Hafen befinden sich zudem die billige Absteige *Capitan Alphanas Papagei* (Q2/P1/S6) und die bei Seeleuten beliebte Taverne *Steife Brise* (Q2/P2/S–).

Was weiß meine Heldin über Altoum?

Probe auf *Geographie (Südmeer & Waldinseln)* –1

QS 1 – Altoum ist die größte und am nächsten am Kontinent liegende Insel der langgezogenen Inselketten, die nach Osten bis tief ins Perlenmeer hineinragen. Sie wird den Pirateninseln zugerechnet.

Port Peleiston
Region: Pirateninseln
Einwohner: etwa 300, vorwiegend Bukanier, einige Waldmenschen, Garnison und Flotille aus Brabak
Herrschaft: Gubernator Hidalgo Bospero di Calliente
Tempel: Efferd, Boronschrein außerhalb der Palisade, Tsaschrein am Marktplatz, Korschrein im Gubernatorspalast
Handel und Gewerbe: Fischerei und Perlentaucher, Jade, Tropenhölzer, Schiffs- und Expeditionsausrüstung, hauptsächlich ein sicherer Zwischenhalt für Schiffe auf dem Weg zu den Wald- und Gewürzinseln
Besonderheiten: Port Peleiston ist einer der wenigen Orte Aventuriens, an denen mit Jade gehandelt wird. Trotzdem gibt es hier kaum Niederlassungen der Handelshäuser. Die Geschäfte werden von den Kapitänen oder „Agenten" – ansässigen Händlern – im Auftrag ausgeführt.
Stimmung in der Stadt: Fiebrig und unstet. Nicht selten haben zwei Matrosen eben noch gemeinsam getrunken und gehen kurz darauf mit den Fäusten aufeinander los. Die ewige Hitze und Feuchtigkeit hat nicht nur den Gubernator und die kleine Garnison träge gemacht, sondern hält das ganze Städtchen im Griff, und bei nicht wenigen der anlandenden Schiffe kann man sich kaum sicher sein, ob es sich nun um Händler oder Piraten handelt.

QS 2 – Der Osten und das Zentrum der Insel werden vom Altimont, einem Hochgebirge, beherrscht, der Westen der Insel beherbergt mit Charypso die einzige größere Stadt der Insel. Der Altimont ist der einzige Ort in Aventurien, an dem Jade gefunden wird.
QS 3+ – Weitere Ortschaften sind neben Charypso das zu Brabak gehörende Port Peleiston im Südosten der Insel, die im Norden gelegene al'anfanische Festung Porto Paligan, der alte, aber kleine Ort Edas, der von einem Magiergrafen regiert werden soll, und früher auch die 1017 BF zerstörte Stadt Altäia mit ihrem berühmten Orakel.

Probe auf *Geschichtswissen (Südmeer & Waldinseln)* –1

QS 1 – Altoum ist seit bosparanischer Zeit besiedelt, wichtigste Siedlung der Insel ist seit langem die Piratenstadt Charypso, die seit einigen Jahren unter al'anfanischer Herrschaft steht.
QS 2 – Das wichtigste Ereignis in jüngerer Zeit war die Zerstörung der Stadt Altäia mit ihrem berühmten Orakel im Jahr 1017 BF.
QS 3 – Altoum wurde während der großen Erkundungsfahrten von Admiral Rateral Sanin III. im neunten Jahrhundert vor BF entdeckt. Die ersten Siedler neben den ursprünglichen Waldmenschenstämmen sollen Tulamiden gewesen sein.
QS 4+ – Die Stämme der Darna und Haipu zerstörten 802 BF gemeinsam Charypso.

Probe auf *Sagen & Legenden (Südmeer & Waldinseln)* -1

QS 1 – Die legendäre und verrufene Piratenstadt Charypso ist der größte Ort der Insel.
QS 2 – In der zerstörten Stadt Altäia mit ihrem bekannten Orakel soll sich einst ein mächtiges Artefakt unbekannter Herkunft in Form einer leuchtenden Kugel befunden haben.
QS 3+ – Der Thorwaler Kapitän Beorn der Blender soll im Jahre 1003 BF Porto Paligan im Handstreich genommen und geplündert haben. Es heißt der legendäre Piratenkapitän El Hakir habe irgendwo auf Altoum seinen Stützpunkt.

Ankunft in Port Peleiston

Zum Vorlesen oder Nacherzählen:
Seit fünf Tagen seid ihr jetzt auf hoher See und stetig ging es gen Rahja, vorbei an den waldbedeckten Küsten der Syllanischen Halbinsel, vorbei an der Straße von Sylla, immer entlang der Südküste Altoums. Dampfende Mangrovenwälder soweit das Auge reicht, nur manchmal eine ärmliche Ansiedlung, hier und da ein einfacher Fischernachen, dessen Insassen euch misstrauisch zu beobachten scheinen. Nun geht es Kurs Firun und bald schon tauchen die Umrisse einer befestigten Siedlung auf. Schließlich lauft ihr in den brackigen Hafen ein, in dem Fischerboote neben einer Handvoll Handelsschiffe und einer uralten, schwer bewaffneten Brabaker Karracke friedlich in der leichten Dünung dümpeln.

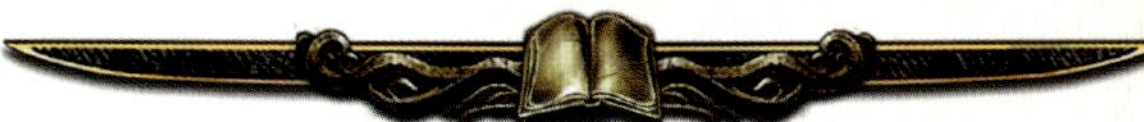

Die Heldinnen erreichen nach etwa fünf Tagen den Hafen von Port Peleiston. In der Stadt herrscht einiger Trubel, findet doch gerade der zweimal monatlich stattfindende große Markt auf dem Platz vor der Residenz des Gubernators statt. So begegnen die Heldinnen dann auch gleich beim Verlassen des Schiffes mehreren Händlern und einer Gruppe Haipu, bekleidet mit Lendenschurzen, geschmückt mit weißer Bemalung auf Augen und Oberarmen und der typischen, zu einem kurzen Zopf gebundenen Haartracht. In und vor den Hafenkneipen *Zum Tanzenden Holzbein* und *Steife Brise* herrscht mächtig Trubel: Angetrunkene Seeleute singen und machen sich unverfroren an die Hafendirnen beiderlei Geschlechts heran.

Schiffsausrüstung & Expeditionsbedarf

Der Weg zum Geschäft des von Yalsinia ya Tarcallo empfohlenen Händlers ♟ *Rondrigo Denares* (Mitte fünfzig, fettleibig, schwitzt stark, Glatze, graue Augen, gewitzter, aber fairer Händler; Handel 11 (13/14/13), Willenskraft 6 (11/14/13), SK 1; hat eine Schwäche für schöne Frauen) ist leicht zu finden (beispielsweise mit einer Probe auf *Gassenwissen (Informationssuche* oder *Ortseinschätzung)* +1). Es befindet sich schräg gegenüber dem kleinen Tsaschrein in der Nähe des Hafens. Wenn die Heldinnen den Laden betreten, ist Rondrigo Denares gerade dabei, zwei Waldmenschen vom Stamm der Haipu Salz, Spitzhacken und Töpfe zu zeigen. Er ist gerne bereit, den Heldinnen mit Ausrüstung für eine Expedition zu helfen.

Erwähnen sie, dass sie im Auftrag Yalsinia ya Tarcallos unterwegs sind, erhalten sie einen Rabatt von 10 % auf die Gesamtsumme der getätigten Einkäufe. Fragen die Heldinnen außerdem nach einem Führer, so schickt Rondrigo umgehend seinen Gehilfen ♟ *Aristo* (14, Waisenkind, schwarzes Haar, sonnengebräunte Haut, trägt ein schmutziges weißes Hemd und eine fleckige rote Hose, stumm; Willenskraft 7 (11/12/11), SK 1) los, um einen zu organisieren.

Maultier oder Esel – 35 Dukaten
Großer Wasserschlauch (40 Schank) – 15 Silber
Kleines Wasserfass (100 Schank) – 35 Silber
haltbare Tagesration, in Pergament eingeschlagen – 5 Silber
Haumesser – 11 Dukaten
Küchenzubehör (Topf, Pfanne, Aufhängevorrichtung, 5 Holzschalen) – 2 Dukaten
getrockneter Kameldung (zum Feuermachen, 1 Stein) – 8 Silber

Erhältlich sind zudem nach deinem Ermessen Ausrüstungsgegenstände aus der **RSH** (Seite **69**) sowie aus dem **Regelwerk** ab Seite **364**, wobei du je nach Verfügbarkeit zwischen 10 und 20 Prozent auf den Preis aufschlagen kannst. Rondrigo ist zwar gut sortiert, aber exklusive und seltene Waren, etwa ein Fernrohr o. ä., hat er womöglich nicht auf Lager. Hier musst du als Meister über Verfügbarkeit und Preis entscheiden.

Der Führer

Eine Expedition in den Dschungel mit dem festen Ziel, die Darna aufzusuchen, lässt sich am Besten mit Hilfe eines Führers umsetzen, der mit den Gefahren des Dschungels, möglichen Wegen und den Waldmenschenstämmen Altoums vertraut ist. Die Suche nach den Darna wird ohne einen Führer zudem eher zu einem Glücksspiel. Die 6 Silber pro Tag für den von Rondrigo Denares vorgeschlagenen Führer ♟ *Gerion Mtoto* (Mitte 20, Sohn eines Utulus und einer aus aus Al'Anfa stammenden Matrosin, krauses kurzes Haar, weißes Hemd, Hose aus zusammengenähten bunten Stoffflicken, trägt immer ein schräg geknotetes schwarzes Halstuch), der schon mehrmals Kontakt zu den Darna hatte, sind also gut angelegtes Geld. Zudem rät Gerion dazu, mindestens einen Träger anzuheuern, um die benötigten Mengen an Wasser transportieren zu können. Neben einer Anzahlung von 2 Dukaten besteht Gerion außerdem auf die Mitnahme von mindestens 40 Schank Wasser pro Person, Träger natürlich eingeschlossen.

„Hab genug Expeditionen daran scheitern sehen, dass alle an irgendwelchen Krankheiten halb krepiert sind. Da draußen im Wald gibt es genug Wasser, aber kaum solches, das man unbeschadet trinken kann."

Gerion Mtoto
MU 12 **KL** 12 **IN** 14 **CH** 10
FF 13 **GE** 14 **KO** 13 **KK** 12
LeP 33 **AsP** – **KaP** – **INI** 13+1W3
AW 8 **SK** 1 **ZK** 1 **GS** 8
Waffenlos: AT 12 **PA** 7 **TP** 1W6 **RW** kurz
Haumesser: AT 13 **PA** 6 **TP** 1W6+3 **RW** mittel
Wurfspeer: FK 13 **LZ** 2 **TP** 2W6+2 **RW** 5/25/40
RS/BE: 0/0
Vorteile/Nachteile: Schlechte Eigenschaften (Neugier)
Sonderfertigkeiten: Finte I (Waffenlos, Haumesser), Geländekunde (Dschungelkundig), Ortskenntnis (Östliches Altoum), Verbessertes Ausweichen I
Talente: Fährtensuchen 8, Fesseln 8, Klettern 7, Körperbeherrschung 5, Kraftakt 5, Menschenkenntnis 6, Orientierung 10, Schwimmen 4, Selbstbeherrschung 6, Sinnesschärfe 8, Überreden 6, Verbergen 7, Wildnisleben 9, Willenskraft 2

In die jadegrünen Wälder

Der Weg von Port Peleiston zu den Ausläufern des Altimonts, wo Gerion Mtoto ein Dorf der Darna kennt, führt zuerst durch halbwegs urbar gemachtes Land entlang der Küste, vorbei an einigen vereinzelten Plantagen in der unmittelbaren Nähe Port Peleistons, dann bald nur noch an ärmlichen Bauernhütten der Bukanier, bis mit diesen auch die letzten Anzeichen eines Weges verschwinden. Dann geht es durch Wälder, sumpfige Freiflächen und buschbestandenes Hügelland, bis der wirkliche, undurchdringliche Dschungel wie eine grüne Wand vor der Gruppe aufragt. Bis zu diesem Punkt dauert die Reise etwa einen Tag bei einer täglichen Reisegeschwindigkeit von gut 30 Meilen. Im echten Regenwald verringert sich die Marschgeschwindigkeit auf 10 Meilen pro Tag – dichtes Buschwerk muss mühsam mit Haumessern durchtrennt, umgefallene Bäume überklettert oder umgangen werden und das stetig ansteigende Land, die Hitze, Insekten und andere Probleme und Gefahren tun ihr Übriges. Mit Hilfe des erfahrenen Führers Gerion Mtoto ist die Strecke von Port Peleiston in fünf Tagen zu schaffen (insgesamt müssen in etwa 80 Meilen zurückgelegt werden, mehr als die Hälfte davon in leichter zu bereisendem Gebiet). Ohne die Hilfe eines Führers sollte die Reise ein bis zwei Tage länger dauern, insgesamt also sechs oder sieben Tage, bis die Heldinnen die Darna (oder die Darna die Heldinnen) finden.

Regeln für das Reisen im Dschungel

Neben der erheblich erhöhten Schwierigkeit, sich im Regenwald zu orientieren, sind auch geeignete Rast- und Schlafplätze nur für einen wahrlich Dschungelkundigen zu finden. Ein ganz anderes Problem stellen Vorräte, Wasser und die typische Heldenausrüstung wie Rüstungen und Waffen dar. Wie genau und wie unangenehm für die Heldinnen du als Meister bzw. ihr als Gruppe all die Gefahren und Gegebenheiten des Dschungels darstellen wollt, wird die Etappen in diesem Abenteuer, in denen eine Durchquerung des Dschungels ansteht, von ihrem

Schwierigkeitsgrad her deutlich beeinflussen. Grundsätzlich gilt:

- Vorräte, die nicht speziell präpariert und verpackt sind, halten nicht länger als 24 Stunden und werden dann ungenießbar.
- Wasser gibt es im Dschungel im Überfluss, doch das wenigste davon ist trinkbar. Wenn man das Wasser nicht abkocht oder Regenwasser sammelt, führt das Trinken von Wasser im Dschungel mit einer Wahrscheinlichkeit von 50 % (11-20 auf 1W20) zu Flinkem Difar (siehe Regelwerk Seite 343). Fällt bei einem zweiten Wurf eine 19 oder 20, so infiziert sich die Heldin zusätzlich mit Sumpffieber (siehe Regelwerk Seite 344).
- Die Tragkraft ist aufgrund der Hitze, der Feuchtigkeit und der Anstrengungen des Vorankommens im Dschungel halbiert, bei einer Belastungsstufe von 1 sinkt die tägliche Reisegeschwindigkeit um 10 %, bei 2 um 25 %, bei 3 oder mehr um 50 %.
- Regeneration bei einer Rast im Regenwald ist nur beim Auffinden eines geeigneten Lagerplatzes möglich, und auch dann fällt diese aufgrund der vielen krabbelnden und beißenden Insekten um 1 Punkt niedriger aus (bis zu einem Wert von 0).

Weitere Regeln und Besonderheiten für das Reisen im Dschungel findest du in der **RSH**. Die oben genannten Regeln und Reisegeschwindigkeiten gelten auch für die anderen im Dschungel zurückzulegenden Strecken in diesem Abenteuer. Wie schwer du es deinen Heldinnen machen willst, wollen wir dir überlassen, wichtig ist aber, dass die permanente Bedrohung und die Gefahren dieser – für einige der Heldinnen womöglich bislang unbekannten – Umgebung deutlich wird.

Die Atmosphäre der Grünen Hölle

Geräusche: Der Dschungel ist voller fremder Geräusche, vom Knacken der Bäume über Brüllaffen und kreischende Papageien bis hin zum Tropfen von Wasser und dem Gebrüll von Raubtieren.

Beobachtet: Gib deinen Heldinnen immer wieder das Gefühl, beobachtet zu werden. Der Dschungel beherbergt tausend Augen, unzähliges Getier und andere Bewohner, die Eindringlinge neugierig im Auge behalten.

Verdeckte Proben: Das Ablegen von verdeckten Proben auf *Sinnesschärfe* ist immer ein wirksames Mittel, um die Heldinnen auf Trab zu halten und Reaktionen zu provozieren – auch wenn gar keine unmittelbare Gefahr besteht.

Begegnungen: Lass die Heldinnen ruhig von Affen aus den Bäumen mit Zweigen und Steinen oder Kernen von Früchten bewerfen oder von einem Jaguar verfolgen, der in sicherem Abstand auch nachts um das Lager schleicht. Zuletzt ist auch die Begegnung mit Jägern oder Kriegern der Haipu eine Möglichkeit, die den Heldinnen mit einem Kriegstanz Angst einzuflößen versuchen, um sie zu vertreiben (eine mögliche irdische Parallele wäre der Haka der neuseeländischen Maori), ohne es aber auf einen wirklichen Kampf ankommen zu lassen.

Die honigsüße Fressblüte

Wenn du deiner Gruppe die gefährliche Begegnung mit einer der gefräßigsten Pflanzen des südaventurischen Dschungels nicht ersparen willst, kannst du sie nach der ersten Übernachtung im Dschungel im Laufe des Tages auf die fleischfressende Baba-Giko-Pflanze treffen lassen, die ihre Opfer mit ihrem süßlich-fauligen Geruch anlockt und auch „die honigsüße Fressblüte" genannt wird. Die Baba-Giko greift mit ihren tentakelartigen Fangarmen nach allem Essbaren, was in ihre Reichweite kommt, und versucht anschließend, ihre Beute zu ihrem großen, mit zersetzender Säure gefüllten Maul zu ziehen. Angreifer und Fressfeinde wehrt sie währenddessen mit ihren weiteren freien Fangarmen ab.

Weitere Hintergründe und Spielwerte zur Baba-Giko findest du in der **RSH** auf Seite **74**.

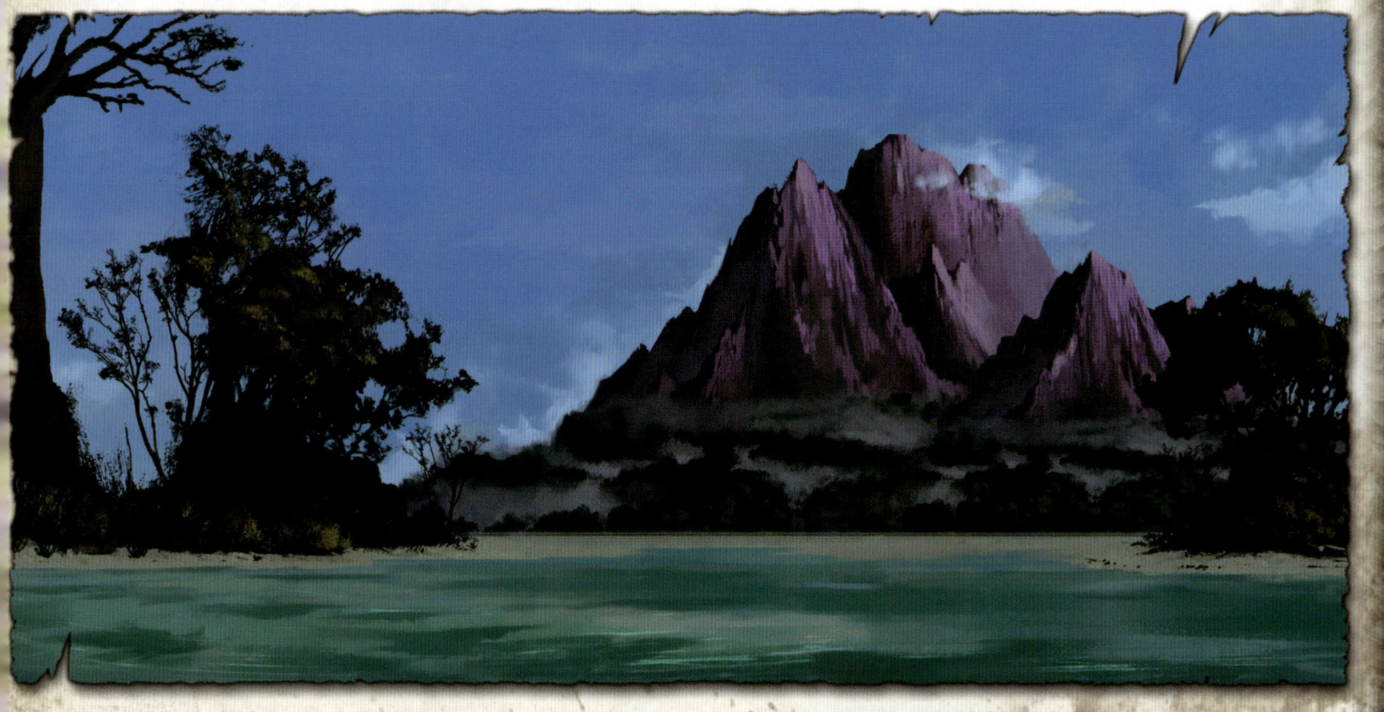

Die Darna

Die Darna gelten als einer der geheimnisvollsten Stämme der Waldmenschen. Tatsächlich haben alle Darna, wie die Legende besagt, eine angeborene magische Begabung. Wegen ihrer geheimnisvollen Art, ihrer zurückgezogenen Lebensweise und den Geschichten über ihre Zauberkraft, werden sie auch schon mal als „die Elfen unter den Waldmenschen" bezeichnet. Die Darna treiben nur zurückhaltend Handel und sind generell eher friedlich – was nicht heißt, dass sie keine gefährlichen Krieger wären, wie die Zerstörung Charypsos durch eine Allianz der Haipu und Darna im Jahr 802 BF zeigte. Weiteres zu den Darna findest du an verschiedenen Stellen in der **RSH**, vor allem auf Seite **103**.

Rutumu
Einwohner: etwa 50
Herrschaft: Stammeswesen unter Häuptlingin Ti-Yaka
Besonderheiten: fast alle Darna sind intuitive Zauberer und beherrschen Bewegungs-, Hellsichts- und Verständigungszauber
Stimmung im Dorf: zurückgezogen, geheimnisvoll, starker Zusammenhalt, etwas misstrauisch

Das Dorf der Darna besteht aus vier großen, auf Stelzen errichteten Sippenlanghäusern, die sich um einen zentralen Platz gruppieren, auf dem eine zentrale Feuerstelle zum gemeinsamen Kochen genutzt wird. Etwas abseits steht die Hütte des Schamanen. Das Dorf ist aufgrund seiner Abgelegenheit nicht durch einen Zaun, eine Palisade oder ähnliche Schutzvorkehrungen gesichert. Allerdings halten zu jeder Tages- und Nachtzeit mindestens vier Stammeskrieger der Darna Wache.

Wichtige Personen

Mo-Natam (mindestens 70, kleinwüchsig, lange graue Haare, eine einzelne sonnengelbe Orchidee im Haar, Schamane des Dorfes; Menschenkenntnis 7 (12/15/15), Sinnesschärfe 8 (12/15/15), Willenskraft 10 (14/15/15), SK 3) stellt den Helden eine Prüfung, bevor er ihnen die gewünschten Informationen gibt.

Ti-Yaka (um die 40, lange, offene schwarze Haare mit eingeflochtenen Orchideenblüten, Bastrock und Speer, lacht viel, Häuptlingin des Dorfes; Garethi I, Menschenkenntnis 4 (12/15/15), Sinnesschärfe 12 (12/15/15), Willenskraft 8 (14/15/15), Blick aufs Wesen 12[AMA121], SK 3) stellt den ersten Kontakt zu den Helden her.

Kontaktaufnahme

Kurz nachdem die Helden in das Stammesgebiet der Darna vordringen, werden diese ihre Anwesenheit bemerken und beginnen, sie zu beobachten. Sollte Gerion Mtoto sie begleiten, lässt er die Helden etwa eine halbe Stunde nach Eindringen in das Stammesgebiet anhalten und treibt einen mit bunten Kordeln umwickelten Stab in den Boden, ein von Darna und Haipu genutztes Zeichen, dass man in Frieden kommt und handeln will. Anschließend setzt er sich gemütlich auf den Boden, beginnt zu essen und bedeutet den Helden, es ihm gleichzutun. So oder so werden die Darna nach einiger Zeit Kontakt zu den Reisenden aufnehmen, die ohne Erlaubnis in ihr Stammesgebiet vorgedrungen sind. Die wachsamen, aber friedlichen Darna gehen dabei vorsichtig vor. Den Kontakt zu den Helden wird in jedem Fall Ti-Yaka aufnehmen. Die vier sie begleitenden Krieger des Stammes, die sich im Hintergrund im dichten Dschungel verstecken, können die Helden mit einer gelungenen Probe auf *Sinnesschärfe (Suchen* oder *Wahrnehmen)* –3 entdecken.

Zum Vorlesen oder Nacherzählen:
Eine nur mit einem Bastrock bekleidete Frau mit hüftlangen, nachtschwarzen Haaren, in denen dutzende Orchideenblüten in allen Farben des Regenbogens leuchten, tritt aus dem grünschwarzen Dickicht des Unterholzes heraus und kommt auf euch zu. In der Hand hält sie einen hölzernen Speer, dessen Spitze aus schwarz schimmerndem Obsidian zu Boden zeigt. Fünf Schritt vor euch bleibt sie stehen, rammt den Speer in den Boden, hebt die Hände auf Höhe ihres Kopfes mit zu euch gerichteten Handflächen und mustert euch neugierig, während sie in gebrochenem Garethi zeremonielle Worte der Begrüßung spricht: „Kama Ibon-Ba•, Fremde, Frieden legt Blumen auf Weg gemeinsam. Sprich und sprich wahr, ihr Geschenk von Nipakau an Frau gegeben."

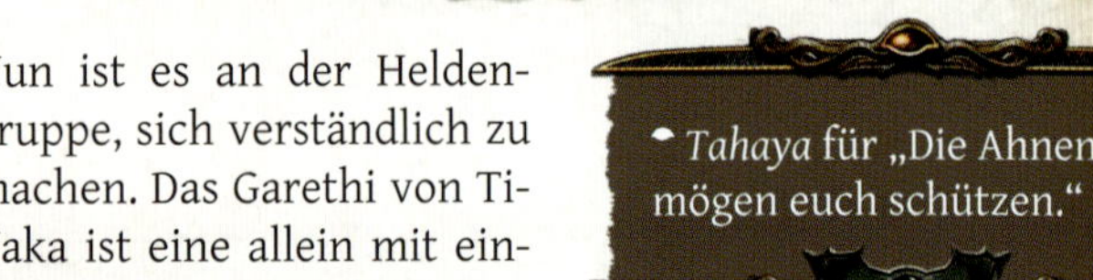

• *Tahaya* für „Die Ahnen mögen euch schützen."

Nun ist es an der Heldengruppe, sich verständlich zu machen. Das Garethi von Ti-Yaka ist eine allein mit einfachen Worten auskommende Behelfssprache, die sich gerade so zum Handeln eignet. Allzu außeralltägliche Begriffe oder Satzkonstruktionen, welche von den Helden Ti-Yaka gegenüber verwendet werden, versteht sie nicht. Sollte einer der Helden die Sprache der Waldmenschen mindestens auf Stufe II beherrschen, so ist die Verständigung deutlich einfacher. Wenn es den Helden gelingt, Ti-Yaka ihren Auftrag und die Geschichte von der gestohlenen Jadestatue verständlich zu machen, erbittet sie sich Zeit bis zum nächsten Tag und verschwindet mit ihren Kriegern wieder im Dschungel.

Der Schamane

Zum Vorlesen oder Nacherzählen:
Noch bevor die Sonne aufgeht, taucht am Rande eures Lagers ein kleinwüchsiger, sich gebückt auf einen Stab aus Mahagoniholz stützender Waldmensch auf. Im langen, schon ergrauten Haar des Waldmenschen schimmert eine einzige sonnengelbe Orchidee, die in der euch noch umgebenden Dunkelheit geradezu zu leuchten scheint. Langsam schaut er von einem zum anderen und sagt dann schließlich:

„Kama Ibon-Ba. Tate Ti-Yula. Huu Kakau Ak-Pampe?“

Auf Garethi: „Die Ahnen haben eure Ankunft und euer Anliegen angekündigt. Fühlt euch frei, nach den Dingen zu fragen, die euch hergeführt haben.“

Bei dem Waldmenschen handelt es sich um Mo-Natam, den Schamanen des Stammes. Es ist an den Helden, sich mitzuteilen und dem Schamanen ihr Anliegen verständlich zu machen. Gerion Mtoto kann dabei helfend als Übersetzer eingreifen, wenn keiner der Helden die Waldmenschensprache beherrscht. Mo-Natam seinerseits wird ruhig und gelassen zuhören und dabei immer wieder ernst nicken oder den Kopf verneinend hin und her bewegen. Wenn die Helden ihr Anliegen hinreichend deutlich dargestellt haben, teilt Mo-Natam ihnen mit, dass er nur einem Darna helfen kann und sich einer der Helden einer Prüfung stellen muss, um in den Stamm aufgenommen zu werden. Dabei rückt der Schamane nicht unbedingt gleich mit allen Informationen heraus, sondern gibt sich reichlich mysteriös, bittet die Helden aber, ihn zum nahe gelegenen Dorf der Darna, nach Rutumu, zu begleiten.

Rutumu, das Dorf der Darna

In der Mitte des von den vier großen Langhäusern eingefriedeten Platzes brennt ein niedriges Feuer, über dem in Bananenblätter gewickelte Speisen garen. Ein paar Selemferkel und Kinder laufen umher und die Frauen und Männer des Stammes tragen ihr langes Haar offen und mit Blüten verziert. Wenn die Helden mit Mo-Natam ins Dorf kommen, werden die Kinder schnell in die Langhäuser gebracht und die Darna beobachten die Helden mit zurückhaltendem Interesse, verhalten sich ansonsten aber so, als wären die Gäste gar nicht anwesend. Dabei wenden einige Darna Hellsicht- und Verständigungszauber (BLICK AUFS WESEN[AMA121], BLICK IN DIE GEDANKEN, SENSIBAR[AMA144], GEDANKENBILDER[AMA129] etc., je FW 10 und 13/13/13) auf die Helden an, was bei diesem Waldmenschenstamm als ganz natürlich gilt. Zu den weiteren Besonderheiten und der magischen Begabung der Darna findest du weitere Informationen in der **RSH** auf Seite **154**. Je nach Zauber ist dem Helden entweder sowieso bewusst, dass er Ziel einer magischen Handlung wurde (z. B. GEDANKENBILDER[AMA129]), oder ihm steht ein Wurf auf *Sinnesschärfe* erschwert um die QS des Zaubers zu, um diesen zu bemerken.

Gemeinsam mit Ti-Yaka teilt Mo-Natam dem Stamm mit, dass die Helden Gäste sind und einer von ihnen sich an der Prüfung versuchen wird, ein Darna zu werden. Daraufhin legen viele der Darna ihre Zurückhaltung ab und betrachten die Fremden mit einer Mischung aus Interesse und Unglauben. Dem Helden, der in den Dschungel aufbricht, um sich allein der Prüfung der Darna zu stellen, senden einige der Darna mithilfe von Gedankenbildern ermutigende Botschaften.

Einige Bewohner von Rutumu

- *He-Nane*, eine gutaussehende Darna von Mitte zwanzig mit einem strahlenden Lächeln und gelben Blüten im Haar; neugierig, wartet aber darauf, dass man auf sie zukommt
- *Taya-Ko*, ein älterer Darna um die 50 mit einer Nasenflöte, die ihm um den Hals hängt, lange dunkle Haare mit ersten grauen Strähnen, mit roten Blüten geschmückt
- *Yako-Lu*, ein etwa zwanzigjähriger Stammeskrieger und Jäger, der besonderes Interesse an den Waffen der Heldinnen zeigt

Die Prüfung der Darna

Die Prüfung, welche einer der Helden bestehen muss, theoretisch aber alle versuchen können, ist das Aufnahmeritual, das jeder Darna mit seiner Volljährigkeit im Alter von 16 Jahren bestehen muss, um als vollwertiges Mitglied in den Stamm aufgenommen zu werden. Nur mit einem Lendenschurz bekleidet und einem rituellen Knochendolch bewaffnet, brechen die jungen Darna in den Dschungel auf und müssen den Weg zu einem von einem *Nipakau* beseelten Wasserfall finden, von dessen Wasser trinken, in Meditation über das Wesen Kamaluqs nachdenken, dann eine der fast nur an diesem Ort zu findenden Blüte einer Shegiga (der blaugelben Altimont-Orchidee) pflücken, welche für die Darna Sonne und Wasser und damit das Leben symbolisiert, und diese schließlich unbeschadet zurück zum Dorf bringen. Die Prüfung muss dabei bis zum Sonnenuntergang erfolgreich abgeschlossen werden, sodass einem Helden, der sich an der Prüfung versucht, gut acht Stunden Zeit zur Verfügung stehen. Die Dauer für die einzelnen Abschnitte der Prüfung ist jeweils am Ende vermerkt. Die Darna lassen sich dabei von ihrem *Tapam* leiten (mehr zu den religiösen Vorstellungen der Waldmenschen und zum *Tapam* findest du in der **RSH** auf Seite **105**). Da Menschen, die nicht zu den Waldmenschen oder Utulus gehören, nach Vorstellung der Darna kein *Tapam* besitzen, gibt Mo-Natam dem Freiwilligen einen Talisman in Form einer aus Ästen und gefärbten Bändern gebastelten Figur mit auf den Weg, die auf eine sehr einfache Art jeweils ein Tier darstellen soll, welches den Helden repräsentiert, der ihn übergeben bekommt. Die Prüfung selbst besteht aus fünf Teilen und beginnt und endet im Dorf der Darna.

Es genügt zwar, wenn einer der Helden die Prüfung ablegt, doch ist es durchaus denkbar, die Gruppe gemeinschaftlich der Prüfung unterziehen zu lassen. In diesem Fall können die Helden sich bei vielen Proben gegenseitig unterstützen. Um dennoch eine gewisse Herausforderung zu bieten, kannst du sie unterwegs mit unerwarteten Problemen konfrontieren, etwa dem heftigen mittäglichen Regenschauer oder dem Angriff eines wilden Tieres.

I. Den Weg finden

Zuerst muss der Weg zum Wasserfall gefunden werden. Dabei helfen der Talisman und in regelmäßigen Abständen von einigen hundert Schritt an großen Bäumen befestigte Blumenkränze. Um den Weg durch den dichten Wald bis zum Wasserfall an einer hohen Felswand zu erreichen, muss jeder Held, der sich an der Prüfung versuchen will, je eine Probe auf *Orientierung*, *Sinnesschärfe (Suchen)* und *Körperbeherrschung (Balance)* ablegen. Gelingen alle Proben, erreicht der Held nach zwei Stunden den Wasserfall. Für jede misslungene Probe erhöht sich die Zeit um eine halbe Stunde.

II. Vom Wasser trinken

Der Wasserfall liegt malerisch in einem engen Tal direkt an den Hängen des Altimonts. Der kleine See, der sich am Fuß des Wasserfalls gebildet hat, ist voller rosafarben blühender Seerosen, die den See wie ein Teppich fast vollständig bedecken. Um vom Wasser des Wasserfalls zu trinken, muss eine Probe auf *Körperbeherrschung (Balance)* abgelegt werden. Das Wasser schmeckt frisch und süß. Der erste Versuch benötigt zehn Minuten, alle weiteren fünf Minuten.

III. Über das Wesen Kamaluqs nachdenken

Für eine gelungene Meditation muss einem Helden eine Sammelprobe auf *Selbstbeherrschung (Störungen ignorieren)* +1, 20 Minuten, 6 Versuche, gelingen. Bei einem Teilerfolg (6 QS) fällt er in eine Art Trance zum steten Rauschen des nahen Wassers. Bei vollen 10 QS hat der Meditierende eine Vision, in welcher er den *Kara'iri'itir* erblickt: Er sieht einen von einem Gletscher bedeckten Gipfel, von dem Wellen des Hasses und des Bösen ausgehen, sowie eine kleine Statue, die genauso aussieht wie jene, welche die Helden finden sollen. Dazu hört der Held einen fremden, rituellen Singsang und das Schlagen von Trommeln, und er riecht den Duft verbrannter Kräuter. Für das Bestehen der Prüfung ist ein Teilerfolg ausreichend.

IV. Eine Blüte der Shegiga pflücken

Die Blüten der Shegiga, der blaugelben Altimont-Orchidee, können mit einer Probe auf *Sinnesschärfe (Suchen)* entdeckt werden – sie wachsen rund zehn Schritt über dem Boden in den Bäumen. Jede QS aus dieser Probe erleichtert die nachfolgende Probe auf *Klettern (Baumklettern)* zum Erreichen der Blüte, wobei jeder Versuch 10 Minuten Zeit kostet. Es bleibt das Problem des Transportes der Blüte: Am einfachsten ist es, sie ins Haar zu stecken, wie ein Darna.

V. Zum Dorf zurückkehren

Ohne eine Probe ist der Rückweg nach Rutumu in 3 Stunden zu schaffen. Möchte der Prüfling ihn schneller hinter sich bringen, kann er erneut je eine Probe auf *Orientierung*, *Sinnesschärfe* und *Körperbeherrschung* ablegen und die Zeitspanne pro QS um 5 Minuten reduzieren.

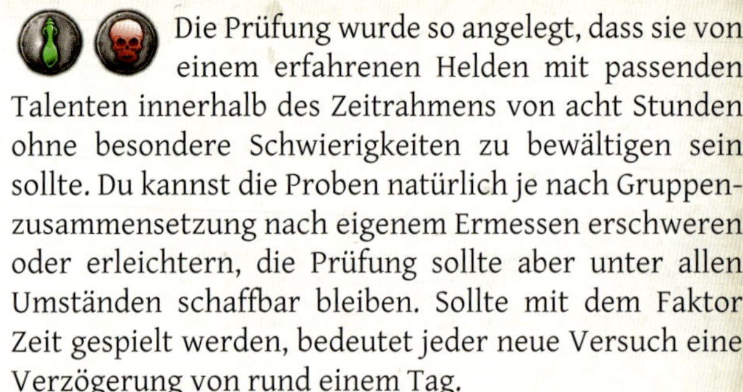

Die Prüfung wurde so angelegt, dass sie von einem erfahrenen Helden mit passenden Talenten innerhalb des Zeitrahmens von acht Stunden ohne besondere Schwierigkeiten zu bewältigen sein sollte. Du kannst die Proben natürlich je nach Gruppenzusammensetzung nach eigenem Ermessen erschweren oder erleichtern, die Prüfung sollte aber unter allen Umständen schaffbar bleiben. Sollte mit dem Faktor Zeit gespielt werden, bedeutet jeder neue Versuch eine Verzögerung von rund einem Tag.

Aufnahmezeremonie und Fest

Mit dem Vollenden der Prüfung durch mindestens einen der Helden wird dieser zeremoniell in den Stamm aufgenommen und mit der in das Haar eingeflochtenen Blüte der Shegiga vor den Schamanen geführt (so er denn über Haare verfügt, ansonsten lässt sie sich auch schlicht hinters Ohr stecken). Mo-Natam segnet das neue Stammesmitglied und verleiht ihm seinen Ehrennamen. Einige Beispiele findest du in der folgenden Tabelle, weitere Anregungen zur Namensgebung der Waldmenschen sind zudem in der **RSH** auf Seite **49** zu finden.

Anschließend richten die Darna den Helden ein Festessen aus. Neben in Bananenblättern gegartem Affenfleisch, gegrilltem Selemferkel, Schlangensuppe und mit Süßholz versetztem Maniok werden Früchte und Blätter serviert. Nach dem Essen spielen Musiker auf Nasenflöten, Trommeln und Schlaghölzern und es wird getanzt – vor allem Unverheiratete werden dabei auch die Helden auffordern, am Tanz teilzunehmen. Je nachdem, wie sich die Helden dabei schlagen (mit einer Probe auf *Tanzen (Dorftanz)*), steigen oder fallen sie im Ansehen der Dorfgemeinschaft und insbesondere ihren Tanzpartnern, die bei QS 3+ eines Helden diesem auch durchaus Avancen machen.

Beispielhafte Ehrennamen

Name	Bedeutung	geeignet für
Akboto	von Neugierde getrieben	Streunerinnen und Entdecker
Can-Hesche	sonnenhelles Leben	Wildnisverbundene
Kamaru	Hand, die Heimat schafft	Handwerkerinnen und Arbeiter
Kute-We	mit Kraft erfüllt	Jäger und Kämpferinnen
Maya-Kauku	Worte von überwirklicher Kraft	Zauberer und Geweihte
Yapihati	erst denken, dann reden	Gelehrte und Diplomaten

IN FROSTIGEN HÖHEN

Dieses Kapitel führt die Helden ausgehend vom Dorf der Darna in eine entlegene und abgeschottete Welt: die Nebelwälder des Altimonts. Dort begegnen sie dem Stamm der Jecatoia, der ihnen den Ursprung der Jadestatue enthüllt und ihnen ein neues Ziel gibt: das Hochland von H'Rabaal. Um dorthin zu gelangen, können die Helden sich zunächst nach Tyrinth einschiffen, einen kleinen Küstenort, der sich fest in der Hand der Universität von Al'Anfa befindet. Von dort folgen sie dem Lauf des Jalob flussaufwärts, machen die Bekanntschaft des Flusskundigen Nepi-Luhan und seines Stammes, der Napewanha. Schließlich treffen sie am Ritualplatz unter dem gletscherbedeckten Berg *Kara'iri'itir* ein – hoffentlich gerade rechtzeitig, um eine blutige Katastrophe zu verhindern.

Aufbruch in den Nebelwald

Am nächsten Morgen warten Mo-Natam und Ti-Yaka schon auf die Helden und die Häuptlingin erklärt ihnen, dass die Statue, die sie suchen, von den Jecatoia stammt, einem Stamm der Waldmenschen, über den abseits von Altoum nur Legenden existieren. Sie leben weit oben im Altimont in den so genannten Nebelwäldern. Dort müssen die Helden hinauf. Um sich als Freunde der Darna zu erkennen zu geben, bringt Ti-Yaka den Helden ein Rufzeichen bei. Eventuell angestellte Führer und Träger erinnern sich an die Geschichten über jenen Ort und ziehen es vor, im Dorf der Darna zurückzubleiben, während Ti-Yaka und zwei Krieger der Darna die Helden bis an den Rand der Nebelwälder führen. Bevor sie aufbrechen, greift Ti-Yaka sich noch einen glatt-glänzenden Schild und schlägt mit ihrem Speer dagegen, wobei sie auf Garethi sagt: „Gefahr auf acht Beinen lauert ohne Laut im Nebel."

Probe auf *Tierkunde (Wildtiere)* +1

QS 1 – Der Schild ist als Chitinpanzer zu erkennen.
QS 2 – Er scheint nicht von einem Insekt zu stammen.
QS 3+ – Stattdessen handelt es sich um den ungewöhnlich festen Chitinpanzer einer großen Spinne.

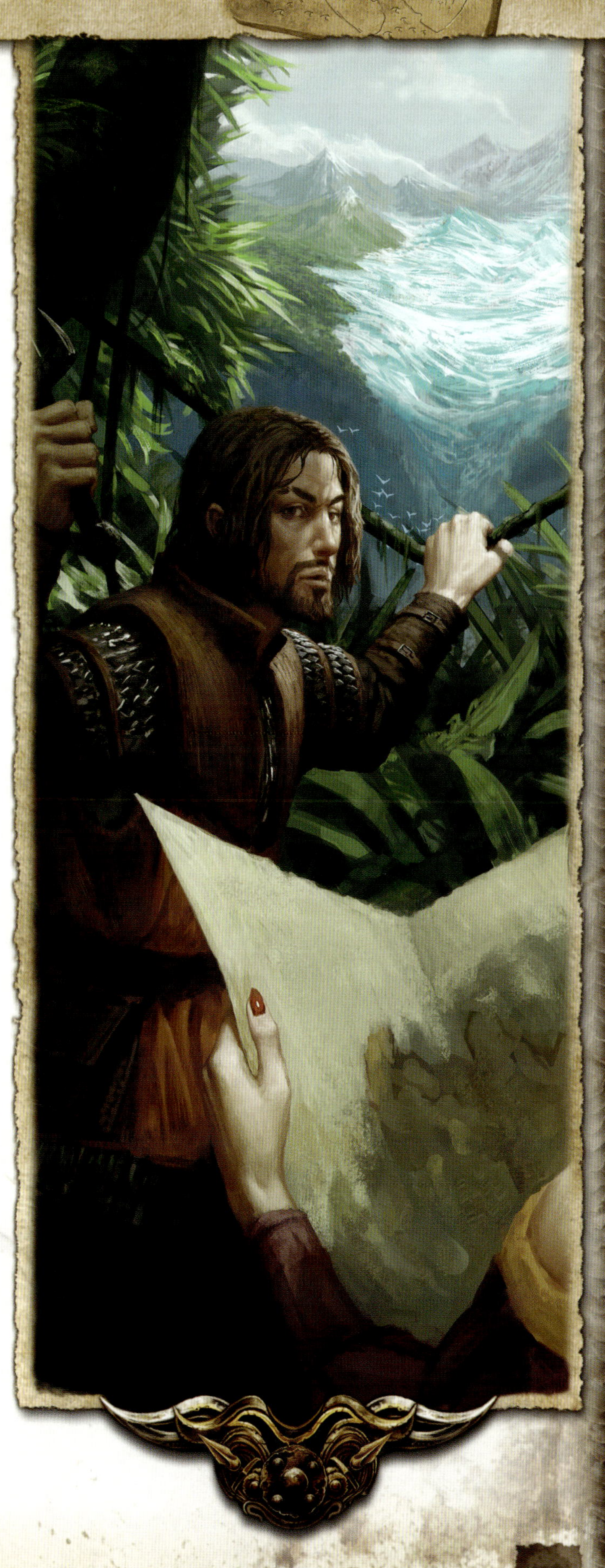

Im Nebelwald

Zum Vorlesen oder Nacherzählen:

Hier oben, mehr als tausend Schritt über dem Meeresspiegel, ist die Luft frischer und klarer als in der brütenden Hitze des Regenwaldes, den ihr hinter euch gelassen habt. Doch die riesigen Südmeerzedern und die zwischen ihnen hindurchziehenden Nebelschwaden erscheinen euch kaum weniger tückisch. Einige dieser Baumriesen ragen sicher hundert und mehr Schritt in die Höhe, und der Gedanke daran, wie alt sie sein mögen, lässt euch den Atem stocken. Dies scheint nicht mehr die Welt der Menschen zu sein, in die ihr vordringt, und nachdem ihr euch einige Stunden über den moosigen Waldboden und über die Stämme umgestürzter Waldriesen tiefer in diese fremde, stille Welt hineingekämpft habt, in der nur selten etwas anderes zu hören ist als das Rascheln der Äste und das Knacken der Stämme, kommt ihr euch vor wie in einem Traum.

Der hauptsächlich aus den mächtigen Südmeerzedern bestehende Nebelwald ist eine ganz eigene Welt. Beute und Jäger hüllen sich hier in Stille und verbergen sich im Nebel. Trotz der traumartigen, friedlichen Stimmung ist das Eindringen der Helden natürlich nicht unbemerkt geblieben. Die gefährlichen und bei Jecatoia wie Darna als begehrte Trophäe geltenden Nebelspinnen haben längst Witterung aufgenommen und beobachten die für hiesige Verhältnisse mit gewaltigem Lärm durch den Wald trampelnden Helden aus den Nebelschwaden und von den Ästen der Südmeerzedern aus. Gelungene Proben auf *Sinnesschärfe (Wahrnehmen)* lassen einen Helden hier und da undeutliche Bewegungen wahrnehmen, wer QS 3 erreicht, erhascht sogar einen Blick auf eine der pferdegroßen Nebelspinnen. Wenn die Helden eine Rast einlegen oder den ihnen von Ti-Yaka gelehrten Ruf zu nutzen beginnen, springen zwei Nebelspinnen je einen Helden aus dem Hinterhalt an (Vergleichsprobe *Verbergen* gegen *Sinnesschärfe (Hinterhalt entdecken)*, misslingt die Probe der Helden, erleiden sie den Status Überrascht). Insgesamt haben es die Helden mit (Anzahl der Helden x2) Nebelspinnen (siehe **RSH** Seite **85**) zu tun. Sie versuchen, die Gruppe der Helden in ihre zwischen den Stämmen der Südmeerzedern kaum sichtbaren Netze zu treiben.

Wenn die Helden vor oder während des Kampfes den Ruf, welchen die Darna sie lehrten, nutzen, tauchen nach 5 KR drei Krieger des Stammes auf, die sich lautlos aus den Bäumen abseilen. Unterlassen die Helden dies, dauert es 10 KR, bis die Jecatoia eingreifen. Sobald sie in der Unterzahl sind, ergreifen die Spinnen schnell die Flucht. Nach dem Kampf fordern die Jecatoia die Helden stumm mit Gesten auf, ihnen zu folgen und führen sie schweigend etwa eine Stunde lang immer tiefer in den nebligen Wald. An einem besonders mächtigen Stamm einer Südmeerzeder wird Halt gemacht und die Jecatoia bedeuten den Helden, an einem aus Lianen gedrehten Seil in die Bäume hinaufzuklettern. Für das Erreichen der ersten Plattform des in die Bäume gebauten Dorfes der Jecatoia muss eine Probe auf *Klettern (Baumklettern)* +1 bestanden werden. Schafft ein Held dies nicht, dann greifen die Jecatoia ihm wenig sanft unter die Arme und hieven ihn gemeinschaftlich nach oben, wofür keine weitere Probe anfällt.

Die Jecatoia

Über den Stamm der Jecatoia gibt es selbst unter den Waldmenschenstämmen Altoums kaum mehr als Legenden. Die abgeschieden in den Nebelwäldern des Altimonts wohnenden Jecatoia sind dabei wie die Darna allesamt magisch begabt, viele von ihnen sind tödliche Krieger und Jäger. Neben Kamaluq verehren sie ähnlich wie die Keke-Wanaq aus den Spinnenbergen Traheliens auch ein geheimnisvolles Spinnenwesen. Trotzdem leben sie in ständigem Kampf mit den Nebelspinnen, und

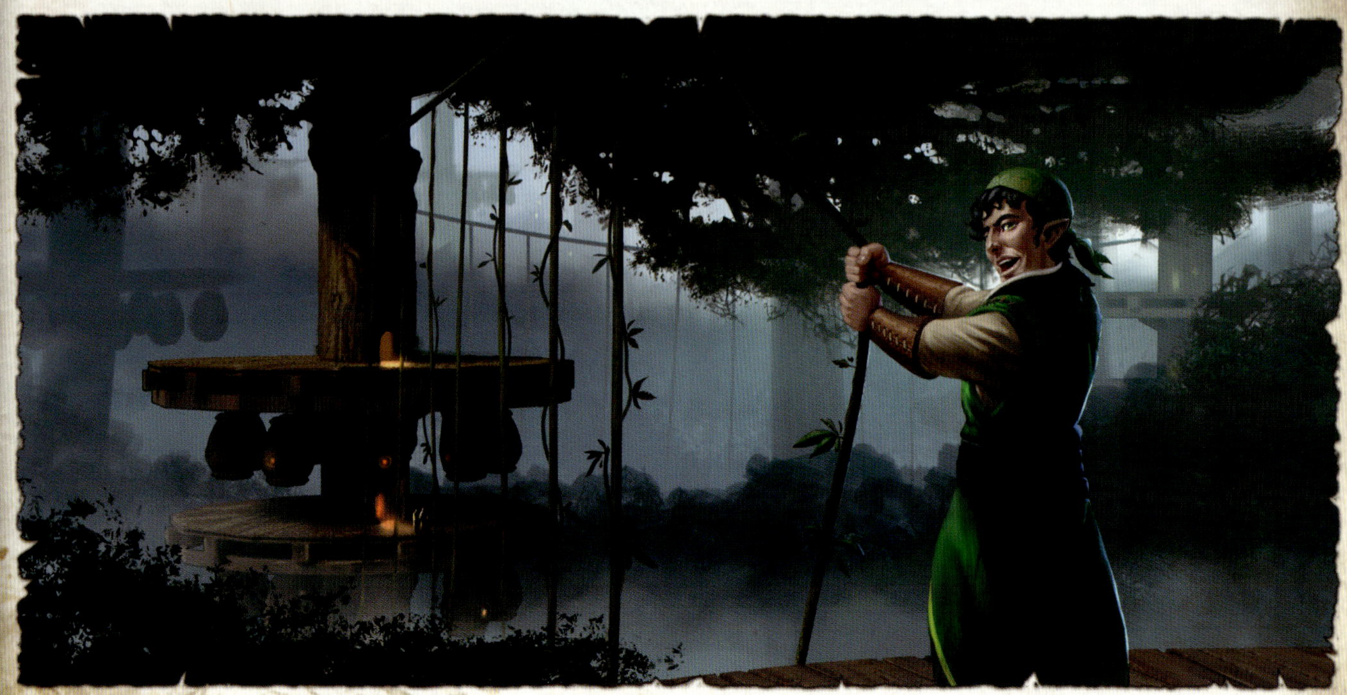

den Panzer eines dieser Tiere zu erbeuten, gehört zur Reifeprüfung eines jeden Jägers des Stammes. Die Jecatoia unterscheiden sich auch vom Aussehen her deutlich von den Darna. Ihre Haut ist deutlich heller, sie tragen Schmucknarben statt Bemalung auf Gesicht und Oberarmen und statt der offenen, mit Blüten geschmückten langen Haare der Darna, färben die Jecatoia ihre Haare mit einer grau-weißen Tonmasse, was ihnen ein beinahe geisterhaftes Aussehen verleiht.

Das Dorf der Jecatoia
Einwohner: etwa 50
Herrschaft: Stammeswesen unter Häuptling Turota
Besonderheiten: Die Jecatoia leben derart zurückgezogen, dass kaum je andere Menschen in ihr Gebiet vordringen. Gerade Kontakt zu Personen anderer Kulturen ist für sie daher etwas völlig Neues.
Stimmung im Dorf: schweigsam, aufmerksam, zurückhaltend

Das Dorf der Jecatoia unterscheidet sich deutlich von jenem der Darna. Statt Hütten auf dem Boden oder auf Stelzen zu bauen, errichten die Jecatoia ihre Dörfer in den gewaltigen Südmeerzedern des Nebelwalds auf dem Hochplateau des Altimonts. Hier hat jeder erwachsene Jecatoia seine eigene, aus Lianen, Blättern und Ästen gebaute kokonartige Schlafstatt, die nicht selten wie an die Seiten der Südmeerzedern geklebt wirkt. Meist bestehen die Dörfer aus sechs bis neun auf 20 bis 35 Schritt Höhe angebrachten Plattformen aus Holz, die sich zwischen mehreren Bäumen erstrecken. Die zentrale und größte Plattform wird für Versammlungen und das gemeinsame Essen genutzt. Wen die Schlafstätten der Jecatoia an Eierkokons von Spinnen erinnern, der liegt nicht falsch, teilen sich die Jecatoia den Nebelwald doch mit den recht intelligenten und gefährlichen Nebelspinnen, deren Werke die Architektur der Jecatoia durchaus inspiriert haben.

Turota (35, Häuptling der Jecatoia, rituelle Narben im Gesicht und auf den Oberarmen, kaut Moarana-Liane, meisterlicher Jäger, Selbstbeherrschung 8 (15/15/14), Willenskraft 8 (15/15/12), alle Naturtalente auf 11, AXXELERATUS 12 (12/15/11), EXPOSAMI[AMA127] 10 (12/15/12), SPINNENLAUF 10 (12/15/14), SK 2)

Sulo-Luq & Kuruta (unbestimmbares, aber hohes Alter, eineiige Zwillinge, mit Schmucknarben übersäte Glatzen, unbestimmbare Geschlechter, zahnlos, sprechen in Rätseln, meisterliche Schamanen, Menschenkenntnis 9 (13/15/15), Selbstbeherrschung 6 (13/13/12), Willenskraft 10 (13/15/15), Schamanenriten auf 10+; SK 2)

Das Dorf hoch oben

Auf der zentralen Plattform des Dorfes werden die staunenden Helden vor Turota, Sulo-Luq und Kuruta geführt. Während Turota ernst bleibt und die Helden mit einer formelhaften Begrüßung kalt willkommen heißt, plappern und glucksen Sulo-Luq und Kuruta fröhlich vor sich hin und versuchen den Helden mit ihren dürren Fingern prüfend in die Seite zu stechen. Es ist dabei erkennbar (mit einer Probe auf *Menschenkenntnis*), dass das neugierige Verhalten der beiden Alten selbst Turota nervös macht. Nun ist es erneut an den Helden, ihr Anliegen hervorzubringen, um dem Geheimnis der Statue einen weiteren Schritt näher zu kommen. Sollte keiner der Helden der mohischen Sprache mächtig sein, müssen sie dies so gut es geht mit Händen und Füßen versuchen. Alternativ kannst du Sulo-Luq und Kuruta mit einer entsprechenden Verständigungsliturgie ausstatten (siehe **RSH** Seite **159**), wenn sich die Situation als zu kompliziert erweist. Wie schon zuvor ist die von Yalsinia mitgegebene Zeichnung hier besonders hilfreich. Nachdem die Helden die Geschichte von Yalsinia ya Tarcallo, der Jadestatue und ihrer Aufgabe erzählt haben, drängen die Zwillinge umgehend zum Aufbruch zur Ritualhöhle, deren Wächter sie sind.

Die Ritualhöhle

Der Weg zur Ritualhöhle dauert etwa sechs Stunden und führt hoch hinauf auf die Gipfel des Altimonts und bis über die Baumgrenze hinaus. Der gerade einmal mannshohe Eingang führt in eine Felsgrotte. Während die Decke am Rand der Höhle kaum kniehoch ist, ist sie in der Mitte der Höhle bis zu zwanzig Schritt hoch. Durch ein Loch an der höchsten Stelle der Höhlendecke fällt sanftes Licht auf eine große Jadestatue von mindestens zwei Schritt Höhe, die jener auf der Zeichnung von Yalsinia ya Tarcallo bis aufs Haar gleicht – abgesehen von ihrer Größe. Am Fuß der Statue stehen mehrere weitere, etwa zwei Spann große Nachbildungen. Der Rest der Höhle erscheint auf den ersten Blick leer, kann jedoch mit einer Probe auf *Sinnesschärfe* durchsucht werden.

Probe auf *Sinnesschärfe (Suchen)*

QS 1 – Am Ende der Höhle ist eine Jadetafel in einer Nische verborgen.
QS 2 – Hinter der großen Statue liegt ein Lederhut mit breiter Krempe, wie ihn Notia Botero-Montez auf dem Ball getragen hat.

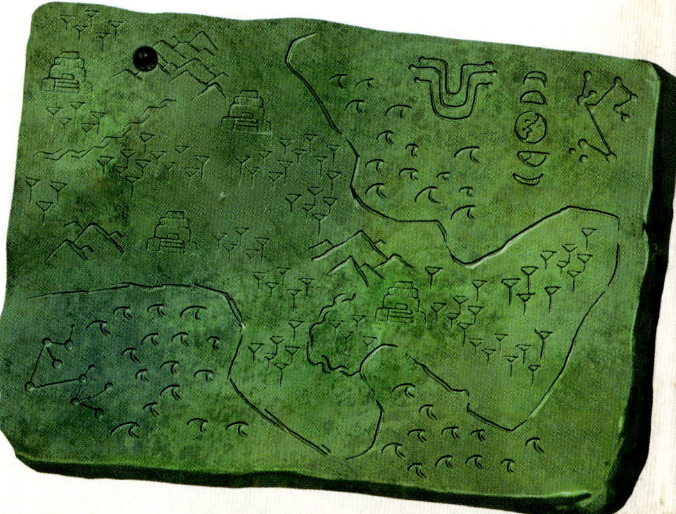

QS 3+ – Zusätzlich findet der Held einen auffälligen, leicht grünlich schimmernden dunklen Stein (Jade in seiner Rohform, beim Aufbrechen bei 1-10 auf 1W20 Wert von 10 Dukaten, bei 11-20 von 30 Dukaten)

Sollte kein Held die Jadetafel entdecken, weisen Sulo-Luq und Kuruta auf ihr Vorhandensein hin. Sie kann mit einer Probe auf *Kraftakt (Ziehen &Zerren)* –1 aus ihrem Versteck geholt werden und dann genauer untersucht werden. Sie zeigt unterschiedliche Markierungen, die groben Umrisse einer Landmasse und skizziert an einigen Stellen Details. Es handelt sich offensichtlich um eine Karte. Für die Entzifferung der Tafel sind Kenntnisse in *Geographie (Tiefer Süden)* und *Sternkunde* nötig, zur Bestimmung ihres Alters und ihrer Beschaffenheit eine Probe auf *Steinbearbeitung*.

Probe auf *Geographie (Tiefer Süden)*

QS 1 – Abgesehen von den Punkten in den Ecken scheint die Jadetafel als eine Art Karte zu dienen, die einen Teil Meridianas darstellen könnte.
QS 2 – Den Abbildungen zufolge handelt es sich um eine stark vereinfachte Darstellung Südaventuriens, die Pyramiden könnten alte echsische Siedlungen wie H'Rabaal darstellen. Ganz in der Nähe von H'Rabaal befindet sich eine auffällige Markierung.
QS 3 – Der Held kann die Karte halbwegs entziffern und auf die ungefähre Lage des mit einer Onyxperle markierten Ortes beim Berg *Kara'iri'itir* im Hochland von H'Rabaal schließen.

Probe auf *Steinbearbeitung*

QS 1 – Die Tafel scheint aus einem massiven Stück Jade zu bestehen, was höchst ungewöhnlich ist.
QS 2 – Die Jadetafel ist sehr alt, mindestens 500 Jahre.
QS 3 – Die Jadetafel scheint mit einfachstem Werkzeug bearbeitet worden zu sein, es zeugt von größtem Können, dass die Abbildungen so deutlich gelungen sind.

Probe auf *Sternkunde*

QS 1 – Die Punkte in der oberen rechten und unten linkeren Ecke könnten Sternbilder darstellen.
QS 2 – Die Punkte oben rechts stellen das Sternbild des Satinav dar, die nicht dazugehörenden größeren Punkte könnten Wandelsterne sein.
QS 3+ – Das Sternbild des Satinav ist mit den Wandelsternen des Kor und des Aves dargestellt, was auf den 30. Rondra hindeutet.

Alternativ zu einer Probe kannst du deine Gruppe natürlich auch erst einmal selbständig rätseln lassen, vielleicht schaffen sie es ja gemeinsam, die Karte zu entschlüsseln. Sulo-Luq und Kuruta kennen die Jadetafel und wissen, dass in ihrem Zentrum der Ort dargestellt ist, zu dem der Schamane mit der Jadestatue unterwegs war. Munter plappernd zeigen sie immer wieder auf eine in der Mitte eingelassene Onyxperle und sprechen von gebotener Eile, drohender Gefahr und der von respektablen Geistern erfüllten Statue. In einem etwa achtstündigen Ritual während der Nacht weihen Sulo-Luq und Kuruta eine der bereitstehenden kleinen Statuen und übergeben diese den Helden mit neuerlichen Ermahnungen.

Die auf der Jadetafel abgebildeten Symbole bezeichnen im Uhrzeigersinn:

- Pyramide links oben – H'Rabaal
- Berge links oben – Hochland von H'Rabaal
- Pyramide oben mittig – Tyrinth bzw. Nabuleth
- Gebirge im Zentrum – Spinnenberge
- Fluss unten mittig – Tirob
- rechts oben – die Phasen des Madamals, deutet auf Vollmond hin
- Sternkonstellation rechts oben – Sternbild Satinav mit passierenden Wandelsternen von Kor und Aves
- unbekannte weitere Pyramiden und ein unbekanntes zweites Sternbild auf der Tafel

Falls die Helden die Karte nicht entschlüsseln können, kann ihnen Yalsinia ya Tarcallo weiterhelfen, wenn sie die Tafel abzeichnen oder mit Papier und Kohlestift abpausen. Hierfür muss allerdings ein nicht gerade kleiner Umweg über Hôt-Alem gemacht werden. Dies ist insbesondere kritisch, wenn ihr mit dem Faktor Zeit spielt (siehe Seite **8**).

Rückweg und Weiterfahrt

Für die Helden steht nun der Rückweg nach Port Peleiston an. Bis zum Lager der Darna werden sie ehrenvoll von Turota und zwei Kriegern geleitet, danach nimmt es Ti-Yaka auf sich, die Helden und ihren Führer bis an die Grenzen des Stammesgebietes zu begleiten. Auch der Rest des Weges kann erzählerisch abgehandelt werden, aber natürlich können die Helden sich auch an einer Jagd im Urwald versuchen oder Pflanzen suchen. Auch eine weitere Begegnung mit den Bewohnern des Regenwalds kann ihnen widerfahren (siehe Seite **17**). Zurück in Port Peleiston müssen die Helden zunächst ein neues Schiff finden, mit dem sie ihren Weg fortsetzen können. Je nachdem, ob es ihnen gelungen ist, die Jadetafel zu entziffern oder nicht, führt ihr Weg sie durch die Goldene Bucht nach Tyrinth oder zurück nach Hôt-Alem, um sich mit Yalsinia ya Tarcallo zu beraten. Das am Jalob gelegene Tyrinth verspricht die schnellste Reise zu dem auf der Tafel ungenau angegebenen Ort, ist aber natürlich nicht der einzige Weg. So ist insbesondere beim Umweg über Hôt-Alem auch die Reise über Brabak und H'Rabaal ins Hochland und das Regengebirge denkbar. Sollten sich die Helden also für einen anderen Weg entscheiden, können sie dies tun, im Folgenden wird aber von einer Reise über Tyrinth ausgegangen, sodass gewisse Ereignisse bei der Wahl einer alternativen Reiseroute eventuell von dir als Meister angepasst werden müssen.

Die Schiffe in Port Peleiston
Die altehrwürdige brabakische Karracke *Elida von Salza* unter dem Kommando von ♟ *Argon di Serpenta* (45, Halbglatze und Vollbart, meisterlicher Kapitän; trägt eine dunkelblaue Fantasieuniform mit Goldtressen und weißen Aufschlägen sowie einen Dreispitz, charmant und goldgierig; Handel 11 (13/15/13), Willenskraft 9 (16/15/13), SK 1) ist auf dem Rückweg von den Gewürzinseln und läuft auf der Reise nach Brabak auch Hôt-Alem an.
Eine Passage nach Tyrinth wiederum können die Helden mit der Kapitänin der syllanischen Thalukke *Sieben Winde* aushandeln, die eine Ladung Tropenhölzer nach Al'Anfa transportiert. Die Kapitänin ist ♟ *Amiranya Suleyme* (Mitte 20, gutaussehend, schwarze Haare und Augen, weite braune Lederhose, fleckiges weißes Hemd mit tiefem Ausschnitt, rotes Stirnband, kompetente Kapitänin; hasst Al'Anfaner und Leute aus Charypso, manchmal auch als Freibeuterin unterwegs; Handel 8 (12/14/14), Willenskraft 7 (13/14/14), SK 1). Lassen die Helden unter der Hand oder offen durchblicken, dass sie in Konkurrenz zu den Al'Anfanern stehen, nimmt sie die Helden sogar umsonst mit.

Tyrinth

Tyrinth
Region: Goldene Bucht, Trahelien
Einwohner: etwa 50, neben einigen Forschern der Universität Al'Anfa, die Ausgrabungen vornehmen, den sie beschützenden Söldnern und für sie arbeitenden Sklaven hauptsächlich arme Bauern und Fischer
Herrschaft: Al'Anfa, mit starkem Einfluss der dortigen Universität
Tempel: Boronschrein, Korschrein
Handel und Gewerbe: Fischfang und Perlentaucher, einzelne Pflanzungen von Mais und Tabak
Besonderheiten: Die auf den Ruinen der alten echsischen Metropole Nabuleth erbaute, einstmals stolze Stadt Tyrinth wurde 929 BF von Thorwalern geplündert und geschleift. Von der Stadt sind heute nur noch größtenteils vom Dschungel überwucherte Ruinen übrig. Einzige Zeugnisse der noch älteren echsischen Metropole sind einige Pyramiden aus dunklem Stein, an denen die Forscher aus Al'Anfa auf der Suche nach altem echsischem Wissen Ausgrabungen vornehmen.
Stimmung in der Stadt: Hochmütige Magier und Gelehrte mit ihren Söldnern halten ein hartes Regime über die Fischer, Bauern und Sklaven.

Ruinen und schwarze Pyramiden

Die Ruinen der 669 BF gegründeten Stadt Tyrinth sind heute zu weiten Teilen vom Dschungel überwuchert und werden nur von wenigen Dutzend Menschen bewohnt. Die meisten hausen in armseligen Hütten und verdingen sich als Tagelöhner, bauen in kleinem Umfang Gemüse an oder fischen im Jalob und in der Goldenen Bucht. Einzige Ausnahme ist die aus Lehm im tulamidischen Stil erbaute zweistöckige *Außenstelle der Universität von Al'Anfa*, die Durchreisenden zu horrenden Preisen (Q3/P5/S5) Zimmer vermietet. Der Leiter der Ausgrabungen und Forschungen, die sich vor allem auf die Ruinen der uralten schwarzen Pyramiden konzentrieren, und damit *de facto* Herrscher von Tyrinth ist der Magier ♟ *Radomno Ilarius Zornbrecht-Huijsten* (siehe Seite **26**) aus einer eher unbedeutenden Nebenlinie des Grandenhauses. Während ein Großteil der Ruinen der Stadt sowie der deutlich älteren Pyramiden echsischen Ursprungs vom Dschungel überwuchert ist, haben die Arbeiter zwei Pyramiden weitgehend freigelegt. Diese Mischung aus Ausgrabung und Baustelle ist der einzige Ort, an dem so etwas wie rege Aktivität herrscht.

Was weiß mein Held über Tyrinth?

Probe auf *Geographie (Tiefer Süden)* –1

QS 1 – Tyrinth liegt strategisch günstig an der Mündung des Jalob im Südwesten der Goldenen Bucht.
QS 2 – Die Stadt war bis zu ihrer Zerstörung ein wichtiger Vorposten des al'anfanischen Imperiums und zeitweise eine seiner südlichsten Siedlungen auf dem Festland.
QS 3+ – Um Tyrinth soll es zu Zeiten des Diamantenen Sultanats ein echsisches Reich gegeben haben, das schließlich von den Urtulamiden zerstört wurde.

Probe auf *Geschichtswissen (Tiefer Süden)* –1

QS 1 – Die Stadt Tyrinth wurde im Jahr 929 BF von Thorwaler Plünderern zerstört.
QS 2 – Die Stadt wurde im Jahr 669 BF von Huntas I. von Shoy'Rina, dem damaligen Vizekönig Meridianas, gegründet.
QS 3+ – Tyrinth wurde auf den Ruinen der alten echsischen Metropole Nabuleth errichtet. Aus der Zeit der Echsen stammen auch die schwarzen Tempelpyramiden.

Probe auf *Sagen & Legenden (Tiefer Süden)* –1

QS 1 – Die ehemals nicht unbedeutende Stadt Tyrinth soll vor über 100 Jahren von Thorwalern zerstört worden sein.
QS 2 – Es heißt, dass Tyrinth auf den Ruinen einer viel älteren, echsischen Stadt gegründet wurde. Aus dieser grauen Vorzeit stammen auch die seltsamen, größtenteils verfallenen schwarzen Pyramiden.
QS 3+ – Die Stadt Nabuleth und das Reich der Echsen, das sich einmal um das heutige Tyrinth erstreckt haben soll, wurden der Legende nach von einem der Diamantenen Sultane zerstört. Die Tulamiden sollen damals nach altem echsischen Geheimwissen gesucht haben.

Wichtige Einwohner Tyrinths

♟ *Magister Radomno Ilarius Zornbrecht-Huijsten* (um die 50, über zwei Schritt groß, kupferrote Haare und Bart mit grauen Strähnen, schwarze Magierrobe, wettergegerbt, meisterlicher Schwarzmagier; Leiter der Außenstelle der Universität von Al'Anfa in Tyrinth, stammt aus einer unbedeutenden Nebenlinie der Zornbrechts; Willenskraft 12 (16/14/14), SK 3) wurde von Notia Botero-Montez gebeten, alle Versuche, ihr ins Hochland von H'Rabaal zu folgen, möglichst zu verhindern. Die Heldinnen werden in Tyrinth daher quasi keine Einkäufe tätigen noch einen Führer anheuern können. Auch die Zimmer in der Außenstelle der Universität sind ihnen verschlossen.

♟ *Basilius ter Horten* (Anfang 20, füllig, wuscheliges braunes Haar, blaue Augen, freundliches Lächeln, erfahrener Schwarzmagier; Adeptus Minor, Privatsekretär von Radomno, mag seinen Vorgesetzten nicht besonders, träumt von Abenteuern; Menschenkenntnis 5 (15/12/14), Willenskraft 6 (13/12/14), SK 2) kann den Heldinnen die Situation erklären, falls diese umsichtig mit ihm reden.

Ankunft in Tyrinth

Da es in Tyrinth schon lange keinen sicheren, ausgebauten Hafen mehr gibt, lässt Amiranya Suleyme die *Sieben Winde* vor der Küste Anker werfen und die Heldinnen mit einem Beiboot an Land bringen. Die Aktion erregt natürlich die Aufmerksamkeit der wenigen Bewohner, und so wartet schon ein kleines Empfangskomitee aus in Lumpen gekleideten Fischern, Bauern und Tagelöhnern am Strand. Aus der kleinen Gruppe der Neugierigen sticht Basilius ter Horten heraus, bei dem es sich offensichtlich um einen jungen Schwarzmagier handelt. Die Wartenden bedrängen die Heldinnen mit Fragen, werden aber schnell von Basilius auseinandergescheucht. Mit einer Verbeugung stellt er sich dann vor, heißt die Reisenden im Namen der Universität von Al'Anfa willkommen und fragt recht unverblümt, was die Heldinnen nach Tyrinth bringt.

In Tyrinth

Die Einwohner der seltsamen kleinen Ortschaft begegnen den Heldinnen mit einer Mischung aus Neugier und Misstrauen. Sollten die Heldinnen Waren erstehen wollen, stellen sie sich dumm oder erzählen, dass es keinen Händler gibt. Die Angestellten der Universität und Radomno Ilarius Zornbrecht begegnen den Heldinnen abweisend. Fragen nach einem Führer werden nur mit einem Achselzucken beantwortet. Der Zutritt zur Ausgrabungsstätte ist zudem verboten und die Wachen verscheuchen neugierige Heldinnen umgehend. Die einzige Ausnahme ist Basilius ter Horten. Bei einer gelungen Vergleichsprobe auf Überreden gegen seine *Willenskraft* erzählt er den Heldinnen unter der Hand von Notia Botero-Montez' Durchreise vor zwei Tagen, die nach einem längeren Gespräch mit Radomno Ilarius Zornbrecht mit einem Boot und einigen Söldnern den Jalob hinaufgefahren ist. Er und alle Bewohner Tyrinths haben die Anweisung erhalten, niemandem zu helfen, der vielleicht in dieselbe Richtung weiterreisen würde. Er rät den Heldinnen, Tyrinth so schnell wie möglich wieder zu verlassen. Alle Versuche, andere Einwohner Tyrinths zu überreden oder einzuschüchtern, sind um –3 Punkte erschwert. Waren oder gar ein Boot können nur zu extrem überhöhten Preisen nach einer gelungenen Probe erstanden werden (mindestens der dreifache Listenpreis oder mehr, sehr eingeschränktes Angebot, hauptsächlich Werkzeuge).

Der Gruppe sollte in Tyrinth schnell klarwerden, dass Notia Botero-Montez vorgesorgt hat und ihnen hier niemand helfen wird. Der Weg zum Kara'iri'itir, dem auf der Jadetafel dargestellten Ort, kann auf dem Jalob oder entlang seines Ufers fortgesetzt werden, denn der Fluss entspringt in den Ausläufern des Regengebirges, im Hochland von H'Rabaal.

Für diesen Weg können die Heldinnen ein einfaches Floß zum Staken bauen. Hierfür muss eine Gruppensammelprobe auf Holzbearbeitung, 1 Stunde, beliebig viele Versuche, gelingen. Passendes Werkzeug (Beil) und Seil (mindestens fünf Schritt) sind dafür zwingend erforderlich. Auch der Diebstahl eines Fischerbootes in Tyrinth ist möglich, aber natürlich mit Gefahren verbunden. Sollten sich die Heldinnen für diesen phexischen Pfad entscheiden, müssen ihnen Proben auf Verbergen gegen die Sinnesschärfe der Wachen (erfahrene Soldaten, Sinnesschärfe 7 (11/13/13), Willenskraft 5 (13/13/10), SK 1, übrige Werte wie Gardisten, siehe Aventurischer Almanach Seite 260,) gelingen. Werden sie entdeckt, können sie sich immer noch herausreden (Vergleichsprobe Überreden gegen Willenskraft) oder die Wachen bestechen (Vergleichsprobe Handel gegen Willenskraft, modifiziert um den gebotenen Betrag: bis 2 Dukaten +/-0, bis 5 Dukaten +1, darüber hinaus +2). Um das Boot möglichst leise den Jalob hinauf zu rudern, ist eine Probe auf Boote & Schiffe notwendig. Alternativ bietet sich der Weg durch den Dschungel am Uferlauf des Jalob an oder die sich in halbwegs gutem Zustand befindliche Straße von Al'Anfa in das Hochland von H'Rabaal, erreichbar über eine Strecke von drei Tagesreisen auf einer sich an der Goldenen Bucht entlangziehenden, aber schlecht unterhaltenen Uferstraße. Sollten die Heldinnen zuerst nach Hôt-Alem gereist sein, um mit Yalsinia zu sprechen und die Jadetafel von ihr entziffern zu lassen, gäbe es auch die Möglichkeit, sich gleich nach Al'Anfa einzuschiffen oder den Weg über Brabak nach H'Rabaal zu nehmen. Yalsinia rät aber zu der Straße, die von Al'Anfa aus ins Hochland von H'Rabaal führt. Je nach eingeschlagenem Weg kann der Besuch in Tyrinth auch ganz entfallen, sodass gewisse Szenen eventuell angepasst werden müssen.

Der Weg ins Hochland von H'Rabaal

Für das Reisen durch den Dschungel gelten dieselben Voraussetzungen und Regeln wie auf Altoum (siehe Seite **16**). Orientierungsproben entfallen, wenn dem Lauf des Jalob gefolgt wird. Für das Reisen auf dem Floß oder in einem Boot gilt eine Reisegeschwindigkeit von etwa 25 Meilen pro Tag flussaufwärts. Ein passendes Nachtlager muss trotzdem am Ufer gesucht werden, wenn es eine Regenerationsphase geben soll. Die Erschöpfung aufgrund der klimatischen Bedingungen wird wie beim Marschieren behandelt, die Traglast sollte hingegen weniger ein Problem darstellen, da ein Boot oder Floß problemlos genug trägt. Dafür stehen die Helden vor zwei ganz existentiellen Problemen: Wasser und Nahrung. Das Wasser des Jalob kann zwar getrunken werden, aber wenn es nicht abgekocht wurde, besteht die Gefahr, sich mit Krankheiten zu infizieren (siehe Seite **17**). Ein Tranksegen kann dafür sorgen, dass das Wasser problemlos getrunken werden kann. Für die Jagd müssen die Helden in den Dschungel vordringen oder können Wasservögel mit Fernkampfwaffen erlegen. Zudem können die Helden im Jalob angeln. Je gelungener Probe auf *Tierkunde (Wildtiere)*, *Pflanzenkunde (Nutzpflanzen)* oder *Fischen & Angeln (Süßwassertiere)*, die jeweils 8 Stunden in Anspruch nimmt, lassen sich so QS Rationen Nahrung beschaffen. Während einer Bootsreise können Helden, die nicht rudern, die Angel auswerfen. Sind die Helden jedoch zu Fuß unterwegs, können sie sich unterwegs nicht ohne Pausen mit der Nahrungsbeschaffung beschäftigen.

Die Reisegeschwindigkeit zu Fuß am Ufer des Jalob ist in etwa dieselbe. Sollten die Helden sich für die Straße entscheiden, gestaltet sich gerade der Anfang der Reise auf der Uferstraße durch die Meeresbrise deutlich angenehmer. Auch können in kleinen Weilern und auf Plantagen Vorräte gekauft werden. Generell bleiben aber Trinkwasser und Verpflegung ein Problem, insbesondere auf dem letzten Wegstück in Richtung H'Rabaal, wo es kaum Reisende und keine Besiedlung gibt.

Zur genaueren Ausgestaltung der Jagd kannst du folgende Tabelle zurate ziehen:

Fauna an den Ufern des Jalob (1W20)

1W20	Fauna
1-5	Tauchenten (Anzahl 1W6, Ziel klein, Jagd-Modifikator –1, 2 Rationen je erlegter Ente)
6-9	Brüllaffen (Anzahl 1W6, Ziel klein, Jagd-Modifikator –2, 5 Rationen je erlegtem Affen)
10	Würgeschlange (Anzahl 1, Werte **RSH** Seite **88**)
11-15	verwilderte Selemferkel (Anzahl 1W6, Ziel klein, Jagd-Modifikator +/–0, 6 Rationen je erlegtem Ferkel)
16-18	Schildkröten (Anzahl 1W3, Ziel mittel, Jagd-Modifikator –2, 10 Rationen pro Schildkröte)
19	Paradiesvogel (Anzahl 1, Ziel winzig, Jagd-Modifikator –1, 1 Ration je erlegtem Vogel)
20	Jadeskorpione (Anzahl 1W6+1, je 16 Rationen Fleisch, Werte siehe **RSH** Seite **77**)

Das Yaq-Hai

Am Nachmittag des zweiten Tages auf oder am Jalob (wenn die Helden die Straßen nutzen entsprechend später, wenn diese durch ein Dschungelgebiet führt) nehmen die Windungen des Flusses deutlich zu. Lass deine Helden kurz vor Umschiffung einer solchen Windung eine Probe auf *Sinnesschärfe (Wahrnehmen)* ablegen.

Probe auf *Sinnesschärfe (Wahrnehmen)*

QS 1 – Der Held hört menschliche Schreie. Beherrscht er Mohisch mindestens auf Stufe I, erkennt er sie zweifelsfrei als Hilferufe.

QS 2 – Die Geräusche können mit großer Sicherheit als Kampfgeräusche identifiziert werden.

QS 3+ – Das Geräusch aufgewühlten Wassers und eigenartige, gutturale Laute dringen an das Ohr des Helden.

Hinter der Flussbiegung bietet sich den Helden ein schrecklicher Anblick. Ein mit einem Holzspeer bewaffneter Mensch versucht verzweifelt, einen riesigen Alligator mit aufgerissenem Brustkorb und moderndem Schuppenkleid auf Distanz zu halten. Das Wasser rund um das offenkundig untote Wesen brodelt und spritzt, und der aus mehreren Wunden blutende *Nepi-Luhan* (siehe **RSH** Seite **114**) wird sich nicht mehr lange verteidigen können. Die Helden befinden sich etwa zehn Schritt von den Kämpfenden entfernt und benötigen mindestens 1 KR, bevor sie sinnvoll in den Kampf eingreifen können. Das Wasser ist beim

Yaq-Hai-besessenes Krokodil
Größe: 5,00 Schritt (mit Schwanz)
Gewicht: 360 Stein
MU 18 **KL** 15 **IN** 14 **CH** 13
FF 9 **GE** 14 **KO** 19 **KK** 24
LeP 65 **AsP** 16 **KaP** – **INI** 17+1W6
VW 9 **SK** 4 **ZK** 4 **GS** 11 (im Wasser)
Biss: AT 12 **TP** 2W6+4 **RW** kurz
Schwanz: AT 14 **TP** 1W6+2 **RW** mittel
RS/BE: 4/0
Aktionen: 1
Vorteil: Dunkelsicht II, Wasserlebewesen / Lichtempfindlich
Sonderfertigkeiten: Unterwasserkampf, Verbeißen (Biss), Wuchtschlag I (Biss, Schwanz), Zu Fall bringen (Schwanz)
Talente: Einschüchtern 12, Klettern (keine Probe erlaubt; Alligatoren können nicht klettern), Körperbeherrschung 8, Kraftakt 14, Schwimmen 14, Selbstbeherrschung 18, Sinnesschärfe 12, Verbergen 16, Willenskraft 14
Zauber: Horriphobus 10
Anzahl: 1
Größenkategorie: mittel
Typus: Dämon (gehörnter, Thargunitoth), nicht humanoid
Beute: keine
Anrufungsschwierigkeit: –4
Kampfverhalten: *Yaq-Hai* jagt seine Opfer gerne und tötet sie nicht sofort. Im Kampf setzt es gerne *Finten* und den HORRIPHOBUS ein.
Flucht: *Yaq-Hai* flieht nicht.
Schmerz +1 bei: immun gegen *Schmerz*
Fischen & Angeln (Süßwassertiere) oder Sphärenkunde (Sphärenwesen):

- QS 1: Das Wesen benimmt sich nicht wie ein gewöhnliches Krokodil. Außerdem scheint es sich nicht daran zu stören, dass sein Leib bereits völlig zerfetzt ist.
- QS 2: Es scheint sich um einen Kadaver zu handeln, der von einem Dämon aus Thargunitoths Gefolge besessen wird, einem Yaq-Hai.
- QS 3+: Yaq-Hai liebt es, sein Opfer zu jagen. Er wird es meistens erst erschrecken, bis es zu einem finalen Kampf kommt.

Empfindlichkeit gegenüber gesegneten/geweihten Objekten/Waffen: Ein *Yaq-Hai* ist besonders empfindlich gegenüber geweihten/gesegneten Objekten/Waffen des Boron. Der gleiche Effekt tritt auch bei Marbo, Tairach und anderen Gottheiten mit den Aspekten Tod oder Schlaf ein.
Dämonen-Regeln: Für *Yaq-Hai* gelten die allgemeinen Dämonen-Regeln (siehe **Regelwerk** Seite **355**).

Kopf des Krokodils knöchelhoch, an seiner Seite hüfthoch und um den Rücken brusthoch. Seite und Rücken bieten einem Angreifer allerdings eine *Vorteilhafte Position* (siehe **Regelwerk** Seite **238**). Das von unstillbarem Hass erfüllte *Yaq-Hai* lässt von dem schon schwer angeschlagenen Nepi-Luhan ab, sobald er einen der Helden als die größere Gefahr erkennt (schwerer Treffer, mächtige Waffe o. ä.). Regeln für den Kampf im Wasser findest du im **Regelwerk** auf Seite **239**.

Durch den Kampf mit Nepi-Luhan, der sich mit seinem Speer durchaus seiner Haut erwehren kann, hat das *Yaq-Hai* möglicherweise bereits einiges an Schaden eingesteckt. Willst du den Kampf für deine Helden etwas weniger aufreibend gestalten, so startet das Krokodil ihn mit 20 LeP weniger.

Nepi-Luhan

Zum Vorlesen oder Nacherzählen:
Das Yaq-Hai ist besiegt. Erschöpft lasst ihr die Waffen sinken, und auch der schwer blutende Mann sinkt kraftlos zu Boden. „Danke, danke für Eure Rettung, Fremde“, haucht er noch, bevor ihn die letzten Kräfte verlassen und er ohnmächtig wird. Auf den ersten Blick erscheinen seine Wunden weniger schlimm, als ihr befürchtet habt. Trotzdem wird er Ruhe brauchen, ein wärmendes Feuer und alle Hilfe, die ihr aufbieten könnt, um es durch die Nacht zu schaffen.

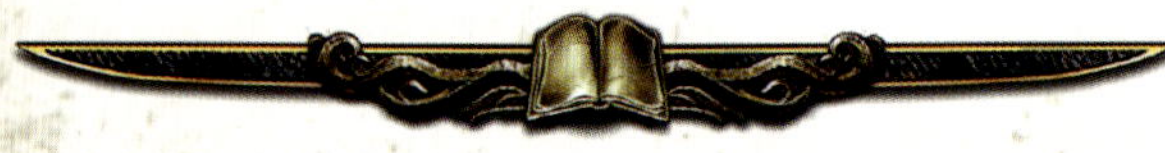

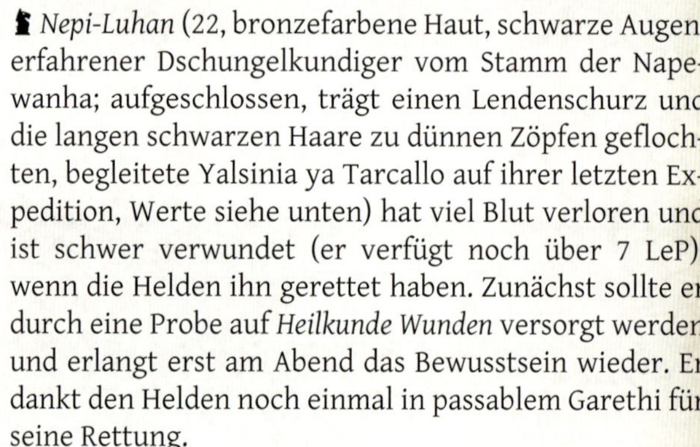

Nepi-Luhan (22, bronzefarbene Haut, schwarze Augen, erfahrener Dschungelkundiger vom Stamm der Napewanha; aufgeschlossen, trägt einen Lendenschurz und die langen schwarzen Haare zu dünnen Zöpfen geflochten, begleitete Yalsinia ya Tarcallo auf ihrer letzten Expedition, Werte siehe unten) hat viel Blut verloren und ist schwer verwundet (er verfügt noch über 7 LeP), wenn die Helden ihn gerettet haben. Zunächst sollte er durch eine Probe auf *Heilkunde Wunden* versorgt werden und erlangt erst am Abend das Bewusstsein wieder. Er dankt den Helden noch einmal in passablem Garethi für seine Rettung.

Nepi-Luhans Informationen

- Er bietet den Helden seine Hilfe an. So kann er sie zum Dorf seines Stammes führen und auch darüber hinaus bis ins Hochland von H'Rabaal.
- Erwähnen sie Yalsinia ya Tarcallo oder die Jadestatue, beginnt er, die Geschichte vom Auffinden der Statue zu erzählen, wie sie die Helden schon von ya Tarcallo zu Beginn des Abenteuers gehört haben.
- Zeigen die Helden ihm die Karte, gibt Nepi-Luhan einen Laut der Überraschung von sich, dankt den Nipakau und erklärt den Helden dann, dass die Schamanen seines Stammes eine ähnliche Art Tafel besitzen, die als Kultobjekt bei Feiern eine nur den Schamanen bekannte, aber zweifelsohne wichtige Rolle spielt. In seinem Dorf können sie vielleicht mehr erfahren.

Nepi-Luhan
MU 12 **KL** 11 **IN** 15 **CH** 12
FF 14 **GE** 14 **KO** 11 **KK** 11
LeP 27 **AsP** – **KaP** – **INI** 13+1W6
AW 8 **SK** 1 **ZK** 1 **GS** 8
Waffenlos: AT 11 **PA** 7 **TP** 1W6 **RW** kurz
Tauchspeer: AT 13 **PA** 8 **TP** 1W6+4 **RW** lang
Blasrohr: FK 14 **LZ** 2 **TP** 1W3+1(+Gift*) **RW** 2/10/15
RS/BE: 0/0
Vorteile/Nachteile: Giftresistenz I, Gutaussehend I, Hitzeresistenz, Richtungssinn / Schlechte Eigenschaft (Aberglaube), Zauberanfällig I
Sonderfertigkeiten: Jäger, Geländekunde (Dschungelkundig), Meister der Improvisation, Sammler, Seile herstellen[AKO110], Wettervorhersage
Sprachen: Garethi II, Mohisch III
Kampfsonderfertigkeiten: Auf Distanz halten I[AKO151] (Tauchspeer), Finte I (Waffenlos, Tauchspeer), Präziser Schuss/Wurf I (Blasrohr), Verbessertes Ausweichen I
Talente: Boote & Schiffe 10, Fährtensuchen 8, Fischen & Angeln 10, Heilkunde Gift 6, Körperbeherrschung 7, Orientierung 9, Pflanzenkunde 8, Schwimmen 7, Selbstbeherrschung 3, Sinnesschärfe 8, Tierkunde 8, Verbergen 7, Wildnisleben 10, Willenskraft 2
Kampfverhalten: Nepi-Luhan geht Kämpfen lieber aus dem Weg und flieht, wenn er bedroht wird.
Schmerz +1 bei: 20 LeP, 14 LeP, 7 LeP, 5 LeP oder weniger
*) Nepi-Luhan verfügt noch über 4 Anwendungen des Giftes Wurara (siehe **Regelwerk** Seite **342**).

Bei den Napewanha

Wanto-Rupa
Einwohner: etwa 70
Herrschaft: Stammeswesen unter Häuptling Hayatepe
Stimmung: Nachdem klar ist, dass die Helden in Frieden kommen, sind die Napewanha freundlich, zuvorkommend, lustig, lebensfroh – eben ganz sie selbst.

Die Napewanha errichten, wie viele Waldmenschenstämme, Runddörfer, in deren Mitte ein zentraler Platz liegt, auf dem sich das tägliche Leben abspielt und der als gemeinsamer Koch- und Essplatz genutzt wird. Die für Waldmenschen eher individualistischen Napewanha leben als Familien in vielen kleineren Hütten anstelle von Sippenlanghäusern, wie sie z. B. bei den Darna üblich sind. Dörfer der Napewanha sind zudem immer mit einem etwa hüfthohen Zaun aus geflochtenen Ästen umgeben. So verhindern die Napewanha nicht nur, dass eines der spielenden Kinder aus Versehen in den Dschungel ausreißt, sondern halten auch viele ärgerliche Kreaturen wie Insekten und Schlangen davon ab, ungehindert in das Dorf zu kriechen.

Die am Ufer des Jalob und in den Wäldern rundherum lebenden Napewanha sind besonders verbunden mit dem Wasser. Der Fluss ist aber nicht nur Nahrungslieferant und Transportweg, sondern hat auch immer wieder al'anfanischen Sklavenjägern als einfacher Weg in den Dschungel gedient. Deshalb bauen die Napewanha ihre Dörfer meist in einiger Entfernung zum Jalob. Geblieben ist die Stelzenbauweise, die ursprünglich vor Überschwemmungen schützen sollte. Trotz so mancher schlechten Erfahrungen mit den anderen Völkerschaften des Südens unterhalten die Napewanha durchaus Kontakt zu Händlern, und mancher aus dem Stamm verdingt sich als Führer für Fremde, wenn sich die Gelegenheit bietet. So ist Garethi hinreichend weit verbreitet. Sie pflegen einen freundlichen und offenen Umgang mit Fremden, ein Ausdruck der großen Neugier und Lebensfreude, welche die Stammeskultur der Napewanha ausmachen. Schon so mancher Reisende hat sich zu seinem großen Erstaunen nicht in einem Kessel der angeblich „menschenfressenden Wilden" wiedergefunden, sondern als Zentrum eines regelrechten Festes, mit dem man den Besucher geehrt hat. Die Reise zum Dorf der Napewanha, das den Namen Wanto-Rupa trägt, führt den Fluss hinauf und dauert etwa sechs Stunden, davon fünf auf oder am Fluss und etwa eine Stunde als Marsch durch den Dschungel.

Da die Napewanha als Stamm mit der Wahrung des *Tabus* am *Kara'iri'itir* betraut sind und der Schamane des Dorfes schon fast einen Monat dort am Ritualplatz Vorbereitungen trifft und auf andere Schamanen der Stämme wartet, stellt die Aufgabe der Heldinnen die Napewanha vor ein Problem: Einerseits darf (von ausgewählten Kriegern und Schamanen abgesehen) niemand in die Nähe des seinerseits mit einem *Tabu* belegten Platzes, andererseits ist die Aufgabe der Heldinnen womöglich von höchster Bedeutung für die Rituale.

Wichtige Personen

Hayatepe (41, athletisch, schwarze, zu kleinen Zöpfen geflochtene Haare, wache braune Augen, schöne Gesichtszüge, Häuptling des Dorfes; trägt eine Kette mit Tierzähnen um den Hals, Lendenschurz; Willenskraft 12 (14/14/14), SK 2)

Nepi-Luhan (22, Flusskundiger vom Stamm der Napewanha, aufgeschlossen, begleitete ya Tarcallo auf ihrer letzten Expedition, Werte siehe Seite **114**)

Zum Vorlesen oder Nacherzählen

Vor euch seht ihr schon das Dorf der Napewanha, als Nepi-Luhan die rechte Hand hebt und euch auffordert, stehenzubleiben. Über euch dringt aus dem Blätterdach das meckernde Geschrei eines Vogels, und kaum habt ihr euch richtig umgeschaut, da seilen sich auch schon zwei Napewanha mit Speeren und roter Bemalung im Gesicht von den Bäumen vor euch ab und nehmen eine abwehrende Haltung an. Ruhig schauen sie von einem zum anderen und reden dann sichtlich aufgebracht auf Nepi-Luhan ein.

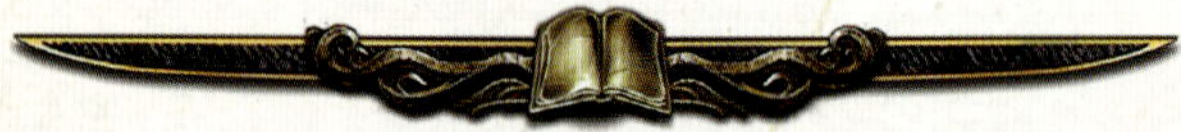

Im Dorf der Napewanha

Die Napewanha sind sehr neugierig und freundlich, sobald die Heldinnen mit dem geretteten Nepi-Luhan ins Dorf kommen. Viele schnalzen mit der Zunge und Kinder rennen zu den Heldinnen und fassen neugierig deren fremdartige Ausrüstung an. Anders als bei den Darna und Jecatoia sprechen viele Napewanha etwas Garethi. Sie sind durchaus an den Geschichten und fremden Ländern interessiert, von denen die Heldinnen berichten mögen. Über manche Erzählungen mögen sie sich lustig machen, andere bewundern oder gar fürchten. Offiziell begrüßt werden die Heldinnen von Hayatepe, der ihnen für die Rettung Nepi-Luhans dankt und sie für den Sieg über das *Yaq-Hai* beglückwünscht. Abends wird auf dem Dorfplatz gemeinsam gegessen und getanzt. Die Heldinnen können hier vorerst zum letzten Mal in Ruhe und aller Gemütlichkeit unbeschwert rasten.

Einige Bewohner von Wanto-Rupa

- *Eyapa-Tisa* (31, gutaussehend, laut, lebensfroh, erfahrene Papageienhexe; spricht oft mit ihrem Vertrauten; Betören 11 (14/15/15), Willenkraft 12 (14/15/15), SK 2), interessiert sich vor allem für Magiebegabte unter den Heldinnen.
- *Anpa-Ha* (23, kompetenter Jäger, trägt eine Kette aus Krokodilzähnen; Willenskraft 10 (15/13/13), SK 1) sucht das Gespräch mit Kämpferinnen und bewundert ihre ihm teils fremden Waffen.
- *Tuwatam* (41, meisterliche Stammeskriegerin, kommt allmählich ins Alter, kümmert sich um die Wacheinteilung und liebt Musik und Tanz; Willenskraft 15 (16/15/13), SK 2) begeistert sich schnell für Musikinstrumente, Zeichnungen, Kunstgegenstände und dergleichen.

Hayatepes Informationen

Der Häuptling des Stammes der Napewanha ist zum Teil in das *Tabu* des *Kara'iri'itir* eingeweiht und kann den Heldinnen nützliche Informationen geben. Je mehr die Heldinnen von ihrem Auftrag und ihren bisherigen Erlebnissen erzählen, desto mehr wird Hayatepe ihnen im Gegenzug eröffnen.

- Der Ort, an den die Heldinnen reisen wollen, ist insbesondere für die Napewanha von großer Bedeutung, und eigentlich ist es allen außer ihren Schamanen verboten, ihn aufzusuchen.
- Der Schamane des Stammes ist vor einem Mondlauf zum Ritualplatz aufgebrochen und bislang nicht zurückgekehrt.
- Die Statue sollte dorthin gebracht werden, die Heldinnen scheinen von Kamaluq für diese Aufgabe auserkoren worden zu sein.
- Die Heldinnen müssen an den Fuß des höchsten Berges im Norden reisen, wo ein bodenloser See liegt, und dort, wo weiße Kälte sich in schwarzes Wasser wandelt, die Statue den Schamanen übergeben.
- Er gibt den Heldinnen eine Wegbeschreibung, die sie bis an den Fuß des Berges führen kann.

Zum Kara'iri'itir

Die Heldinnen kennen jetzt ihr Ziel, den *Kara'iri'itir* im südlichen Regengebirge, der mit seinen Nachbargipfeln das Hochland von H'Rabaal überragt. Der plateauartige Gipfel des *Kara'iri'itir* ist ganz von einem gewaltigen Gletscher überzogen, dessen Zungen sich tief den Hang hinab ziehen und auf knapp 2000 Schritt Höhe in das dunkle Wasser des Loch Haradur kalben. Am Ufer des Sees und neben den auslaufenden Gletscherzungen befindet sich der Ritualplatz der Waldmenschen, mit dem sie das *Tabu* bewachen und ehren. Die Jadestatue spielt eine zentrale Rolle in den Ritualen zur Stärkung der Bande, welche die Echsenarmee im Gletscher eingefroren hält, und wird bereits sehnlichst erwartet. Den Heldinnen steht bis zu ihrer Ankunft am Ufer des in einem fast kahlen, nur von zwei Seiten zu begehenden Talkessel gelegenen Sees eine anstrengende Reise bevor, die vom Dorf der Napewanha mit einem kundigen Führer – nämlich Nepi-Luhan – rund vier Tage dauert und neben tiefen Tälern über hohe Felsgrate und Pässe führt.

Die Schlacht am Ritualplatz

Die Reise zum Ritualplatz am *Kara'iri'itir* führt durch dichten, pfadlosen Regenwald und nebelverhangene Gebirgsschluchten. Unterschiedlichste Ideen zu ihrer Ausgestaltung erhältst du in der **RSH**.

Zum Vorlesen oder Nacherzählen:
Seit einer Stunde steigt das Gelände kaum noch an und ihr kämpft euch wieder einmal durch dichten Regenwald. Doch irgendetwas ist anders als zuvor. Statt zu schwitzen, fröstelt ihr beinahe. Wenn Nepi-Luhan, der am Fuß des Plateaus zurückgeblieben ist, Recht hat, solltet ihr schon bald das Ziel eurer Reise erreichen. Ihr schlagt euch durch dichtes Buschwerk und Lianengewirr, dann seht ihr Licht vor euch, die Bäume lichten sich und geben den Blick auf eine grandiose Aussicht frei. Vor euch fällt das grasbewachsene Gelände bestimmt über hundert Schritt weit sanft ab. Hier und da stehen mächtige, wie dahingeworfen wirkende Felsbrocken unter dem blauen Himmel und dahinter liegt ein großer, stiller See, dessen Wasser nachtblau ist und dessen Umfang ihr nur erahnen könnt. Zu eurer Rechten erstrecken sich Grasland und Wald am Ufer des Sees, zu eurer Linken erheben sich fast senkrecht aufragend die mächtigen Flanken eines gewaltigen, von Schnee und Eis bedeckten Gipfels, von dem Gletscherzungen bis in das Wasser des Sees hineinreichen - ein wahrlich erhabenes Schauspiel!

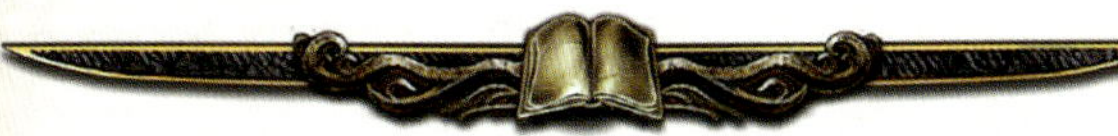

Je nachdem, wann die Helden den Ritualplatz erreichen, steht der Angriff der Marus und Achaz aus H'Rezxem entweder kurz bevor, beginnt ungefähr gleichzeitig mit der Ankunft der Helden oder ist bereits vorbei und konnte nur unter herben Verlusten mithilfe der Entsatztruppen aus Kuruke-Wape zurückgeschlagen werden. Falls ohne den Faktor Zeit gespielt wird, sich die Helden aber angestrengt haben und ohne Umwege die Spuren bis zum *Kara'iri'itir* verfolgt haben, sollten sie einige Stunden oder gar einen Tag vor den Echsen am Ritualplatz ankommen. Haben sie zu sehr getrödelt, ist der Kampf bereits vorbei (das Finale im *Tal der Tausend Echos* sollte dann entsprechend schwieriger ausfallen). Natürlich kannst du auch entscheiden, dass es dramaturgisch am besten ist, den Angriff der Echsen zeitgleich mit dem Ankommen der Helden beginnen zu lassen.

Der Ritualplatz
Der Ritualplatz befindet sich in einer kleinen Senke direkt neben den Gletscherzungen und misst etwa 20 Schritt im Durchmesser. Auf der zum Gipfel weisenden Seite der Senke stehen fünf gut drei Schritt hohe, mit bunten Bändern und Fetischen (Tier- und Menschenschädel, große spitze Zähne von Alligatoren und anderen Raubtieren, Federschmuck, Muscheln) geschmückte Pfähle mit etwa faustgroßen Aussparungen auf mittlerer Höhe.

Die Aufstellung
Am Ritualplatz befinden sich 10 Schamanen und 4 Stammeskrieger der Napewanha, die auserwählt wurden, das *Tabu* des *Kara'iri'itir* zu schützen. Sie alle formieren sich am Rand der Senke zum Kampf, wenn die Echsen angreifen. An vorderster Front stehen die vier Krieger mit Wurfspeeren und schweren Keulen. Dahinter verteilen sich die nur mit ihren rituellen Waffen bewaffneten Schamanen in gestaffelten Reihen. Die Waldmenschen werden mit allen Mitteln und bis zum letzten Mann

Stammeskriegerin der Napewanha
MU 14 **KL** 11 **IN** 12 **CH** 12
FF 12 **GE** 14 **KO** 13 **KK** 14
LeP 33 **AsP** – **KaP** – **INI** 14+1W6
AW 8 **SK** 1 **ZK** 2 **GS** 8
Waffenlos: AT 11 **PA** 7 **TP** 1W6 **RW** kurz
Keule: AT 13 **PA** 8 **TP** 1W6+3 **RW** mittel
Wurfspeer: FK 12 **LZ** 2 **TP** 2W6+1 **RW** 10/30/50
RS/BE: 2/0 (Bastrüstung) (Modifikatoren durch Rüstungen bereits eingerechnet)
Vorteile/Nachteile: keine
Sonderfertigkeiten: Belastungsgewöhnung I, Finte I (Waffenlos, Keule), Verbessertes Ausweichen I, Wuchtschlag I (Waffenlos, Keule)
Talente: Einschüchtern 6, Klettern 5, Körperbeherrschung 7, Schwimmen 7, Selbstbeherrschung 5, Sinnesschärfe 8, Verbergen 7, Willenskraft 4
Kampfverhalten: Die Stammeskrieger der Napewanha versuchen, ihre Stellung um jeden Preis zu halten und die Schamanen vor allen Angreifern zu schützen.
Schmerz +1: 25 LeP, 17 LeP, 8 LeP, 5 LeP oder weniger

Schamane
MU 13 **KL** 12 **IN** 15 **CH** 13
FF 11 **GE** 13 **KO** 12 **KK** 13
LeP 30 **AsP** – **KaP** 38 **INI** 13+1W6
AW 7 **SK** 2 **ZK** 1 **GS** 8
Waffenlos: AT 10 **PA** 6 **TP** 1W6 **RW** kurz
Knochenkeule: AT 12 **PA** 6 **TP** 1W6+3 **RW** mittel
RS/BE: 0/0
Vorteile/Nachteile: keine
Sonderfertigkeiten: Verteidigungshaltung (Waffenlos, Knochenkeule)
Talente: Klettern 3, Körperbeherrschung 6, Schwimmen 7, Selbstbeherrschung 7, Sinnesschärfe 8, Verbergen 5, Willenskraft 7
Liturgien: Hauch des Elements 7
Kampfverhalten: Die Schamanen unterstützen die Stammeskrieger nach Kräften mittels ihrer Liturgien. Werden sie selbst angegriffen, begeben sie sich lieber in *Verteidigungshaltung*.
Schmerz +1: 23 LeP, 15 LeP, 8 LeP, 5 LeP oder weniger

Achaz-Krieger
MU 12 **KL** 12 **IN** 14 **CH** 11
FF 12 **GE** 13 **KO** 14 **KK** 12
LeP 33 **AsP** – **KaP** – **INI** 13+1W6
AW 7 **SK** 2 **ZK** 2 **GS** 8
Waffenlos: AT 11 **PA** 6 **TP** 1W6 **RW** kurz
Rimkur: AT 11 **PA** 4 **TP** 1W6+5 **RW** lang
Wurfspeer: FK 10 **PA** 5 **TP** 2W6+2 **RW** 5/25/40
RS/BE: 1/0
Vorteile/Nachteile: Begabung (Schwimmen), Beidhändig, Dunkelsicht I / Angst vor Dunkelheit I, Eingeschränkter Sinn (Gehör)
Sonderfertigkeiten: Aufmerksamkeit, Finte I (Waffenlos, Rimkur)
Talente: Einschüchtern 6, Klettern 3, Körperbeherrschung 8, Kraftakt 4, Schwimmen 8, Selbstbeherrschung 7, Sinnesschärfe 6, Verbergen 4, Willenskraft 6
Kampfverhalten: Die Achaz-Krieger drängen auf die Verteidiger ein und versuchen, ihre Linie zu durchbrechen, um die Schamanen anzugreifen.
Flucht: Verlust von 50 % der LeP
Schmerz +1 bei: 25 LeP, 17 LeP, 8 LeP, 5 LeP oder weniger

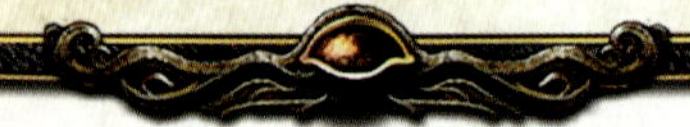

Katka-Iok und ihre Animisten
MU 14 **KL** 12 **IN** 13 **CH** 11
FF 11 **GE** 14 **KO** 15 **KK** 13
LeP 36 **AsP** 28 **KaP** – **INI** 13+1W6
AW 6 **SK** 2 **ZK** 2 **GS** 7
Waffenlos: AT 12 **PA** 7 **TP** 1W6 **RW** kurz
Epharit-Schild: AT 10 **PA** 10 **TP** 1W6+3 **RW** kurz
Epharit-Schwert: AT 14 **PA** 7 **TP** 1W6+4 **RW** mittel
Epharit-Speer: AT 14 **PA** 7 **TP** 1W6+4 **RW** lang
RS/BE: 6/0
Vorteile/Nachteile: Beidhändig
Sonderfertigkeiten: Belastungsgewöhnung II, Finte I (Waffenlos, Epharit-Schild, Epharit-Schwert, Epharit-Speer), Wuchtschlag I (Waffenlos, Epharit-Schild, Epharit-Schwert, Epharit-Speer), Vorstoß (Waffenlos, Epharit-Schild, Epharit-Schwert, Epharit-Speer)
Talente: Klettern 6, Körperbeherrschung 8, Schwimmen 0, Selbstbeherrschung 7, Sinnesschärfe 8, Verbergen 5, Willenskraft 5
Zauber/Magische Handlungen: Balsam Salabunde 4, Blitz dich find 6; Animistenkräfte: Großer Sprung 3, Kampffähigkeiten verbessern 5, Schneller Angriff 5, Talentverbesserung 4
Kampfverhalten: Die Animisten der Tapo-Tikaute bündeln ihre Kräfte, um die Angreifer von den Schamanen fernzuhalten. Fliehende Feinde verfolgen sie nicht.
Schmerz +1: 27 LeP, 18 LeP, 9 LeP, 5 LeP oder weniger

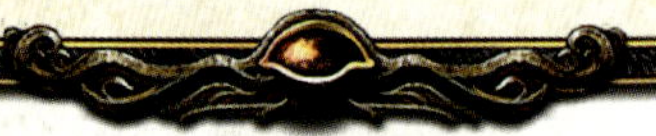

Maru-Kriegerin
MU 14 **KL** 11 **IN** 13 **CH** 10
FF 8 **GE** 13 **KO** 15 **KK** 14
LeP 36 **AsP** – **KaP** – **INI** 13+1W6
AW 8 **SK** 1 **ZK** 2 **GS** 7
Waffenlos: AT 14 **PA** 7 **TP** 1W6 **RW** kurz
Biss: AT 12 **PA** – **TP** 2W6 **RW** kurz
Schwanz: AT 12 **PA** – **TP** 1W6+2 **RW** mittel
Maru-Säbel*: AT 14 **PA** 8 **TP** 1W6+3 **RW** mittel
RS/BE: 4/0
Vorteile/Nachteile: Beidhändig, Dämmerungssicht II, Zäher Hund / Blutrausch, Kälteempfindlich, Schlechte Eigenschaft (Jähzorn)
Sonderfertigkeiten: Belastungsgewöhnung I, Beidhändiger Kampf I, Finte I (Waffenlos, Biss, Schwanz, Maru-Säbel), Kampfreflexe I, Schmerzen unterdrücken, Wuchtschlag I (Waffenlos, Biss, Schwanz, Maru-Säbel)
Talente: Einschüchtern 10, Handel 5, Klettern 3, Körperbeherrschung 7, Kraftakt 9, Kriegskunst 7, Menschenkenntnis 1, Schwimmen 8, Selbstbeherrschung 12, Sinnesschärfe 5, Überreden 2, Verbergen 3, Willenskraft 8
Kampfverhalten: Die Marus aus Chr'hos Trupp ergeben sich ganz dem Kampfrausch und greifen am liebsten den nächsten Gegner mit Wuchtschlägen an.
Flucht: Verlust von 75 % der LeP, sofern Chr'ho nicht noch lebt
Schmerz +1 bei: 27 LeP, 18 LeP, 9 LeP, 5 LeP oder weniger
Sonderregeln:
**) Schwache Arme*: Nach jeder 5. KR, die eine Maru-Kriegerin ununterbrochen kämpft, muss sie eine Probe auf *Kraftakt* bestehen, um ihre Waffen nicht fallen zu lassen. Sie kämpft dann ohne Waffen weiter. Die Probe ist beim zweiten Mal um –1 erschwert, beim dritten Mal um –2 usw. Alternativ kann sie, wenn sie nur eine Einhandwaffe führt, diese auch in die andere Hand nehmen. Der Wechsel der Hand kostet 1 Aktion.

versuchen, die Echsen davon abzuhalten, zu dem heiligen Ort vorzudringen.

Der Stoßtrupp der Echsen besteht aus 15 Achaz und 5 Marus einschließlich ihrem Anführer Chr'ho (siehe Seite **46**), der an seinem auffälligen Kopfschmuck und einer Halskette aus Menschenknochen deutlich als Anführer zu erkennen ist. Die Achaz sind mit großen Doppeläxten, genannt Rimkur, bewaffnet, die Marus je mit zwei klobigen Säbeln. Chr'ho wird seine Truppen siegesgewiss frontal gegen die Formation der Waldmenschen anrennen lassen, während er sich selbst mit der Gefangenen Notia Botero-Montez, die er an einer Leine hinter sich herzieht, im Hintergrund hält und Befehle gibt.

Je nachdem, wann die Helden den Ritualplatz erreichen, können sie entweder gemeinsam mit den Waldmenschen eine Schlachtlinie bilden, die Achaz und Marus von der linken Flanke her angreifen oder sie müssen sich um die wenigen Überlebenden kümmern (siehe Seite **34**).

Der Entsatz durch die Tapo-Tikaute

Der herannahende Trupp der Echsen ist nicht unbemerkt geblieben. Die Tapo-Tikaute aus der verhüllten Stadt Kuruke-Wape haben von den echsischen Jägern erfahren und eine schwer gerüstete Gruppe von Animisten unter der Führung von ♟ *Katka-Iok* (25, großgewachsen und muskulös, kompetente Kriegerin der Tapo-Tikaute, Anführerin der Stoßtrupps aus Kuruke-Wape, malachitgrüne Haare; Willenskraft 12 (15/13/13), SK 2) hat den Schutz der verhehlten Stadt verlassen, um den Achaz und Marus nachzuspüren und sich ihnen notfalls entgegenzustellen. Die Krieger sind mit schweren Rüstungen, die ihnen eine affenähnliche Silhouette verleihen, charakteristischen dreieckigen Schilden und verschiedenen Waffen, die allesamt aus dem blauen Metall Epharit bzw. *Gumijok* bestehen, ausgerüstet. Mehr zum Epharit und seinen Eigenheiten findest du in der **RSH** Seite **133**.

Der Ablauf der Schlacht

Die Marus konzentrieren sich darauf, die Krieger der Napewanha niederzumachen, während die Achaz sich gegen die Schamanen wenden. Sollten die Helden die Echsen von der Flanke angreifen, kommandiert Chr'ho 7 bis 8 Achaz sowie 1 Maru ab, um gegen die Helden zu kämpfen. Etwa 10 KR nach Eingreifen der Helden brechen die Krieger der Tapo-Tikaute hinter ihnen aus dem Unterholz und stürzen sich auf die Echsen. Sie greifen entschlossen ein und kämpfen wortlos. Eine besondere Taktik oder Koordination untereinander legen die Animisten nicht an den Tag, denn jeder ist es gewohnt, seinen eigenen Kampf auszufechten.

Wie alle Reptilien sind auch Achaz und Marus wechselwarme Kaltblüter, denen niedrige Temperaturen durchaus zusetzen und sie in ihrer Beweglichkeit einschränken. Wenn du die besonderen klimatischen Bedingungen am *Kara'iri'itir* ins Spiel einfließen lassen willst, kannst du AT, PA und AW der Achaz und Marus um je –1 erschweren.

Eine Schlacht, viele Kämpfer

Die Darstellung eines Scharmützels oder einer kleinen Schlacht in Regeln ist erfahrungsgemäß zeitaufwendig und kompliziert. Es gibt aber auch Wege, eine solche Schlacht ohne spezielle Regeln zu gestalten:

- Ein genauer, aber auch zeitaufwendiger Weg ist das Auswürfeln jeder einzelnen Attacke und Parade. Für manche Spielrunden mag dies ein gangbarer Weg sein.
- Wer es kürzer und unkomplizierter halten will, kann zum Beispiel mit einem Wechsel zwischen dem regelkonformen Kampf der Helden mit „ihren" Gegnern und einer rein erzählerischen Beschreibung des Geschehens auf dem restlichen Schlachtfeld arbeiten. Für diese Beschreibung kannst du vorab beim Vorbereiten des Abenteuers den Kampf einmal simulieren und dir Notizen machen – so kommt es vielleicht auch zu dem einen oder anderen gewagten Manöver, meisterlichen Angriffen oder schlimmen Patzern, die du in deine Erzählung einfließen lassen kannst. Du kannst das Geschehen abseits des Kampfes der Helden aber auch ganz frei beschreiben, sodass du die Dramatik des Schlachtverlaufs flexibel anpassen kann. Beachte, dass auch bei beherztem Eingreifen der Helden Todesopfer zu beklagen sein werden (siehe Seite **34**).
- Um dir den Überblick zu erleichtern, kannst du Schlagabtausche zwischen Meisterpersonen regeltechnisch auch abbilden, indem du sie aus dem Kampf gegen die Helden herausnimmst. Weder Napewanha und Schamanen noch Tapo-Tikaute werden in den Helden auf den ersten Blick Verbündete erkennen, die es spontan zu unterstützen gilt. Jeder Stammeskrieger der Napewanha kann beispielsweise einen der Marus beschäftigen, jeder Schamane kann sich eine Weile gegen die Angriffe eines Achaz zur Wehr setzen.

Wenn die Tapo-Tikaute eingreifen, wird zunächst jeder von ihnen einen Achaz angreifen, der einen Schamanen bedroht, oder einem Stammeskrieger gegen einen Maru beistehen. Sobald die Echsen spürbar in der Unterzahl sind, befiehlt Chr'ho den geordneten Rückzug seiner Truppen. Sollten die Helden in einer Kommandoaktion versuchen, Notia Botero-Montez zu befreien, kann dies gelingen – allein Chr'ho sollte mit der Jadestatue und den Resten seiner Truppen entkommen können.

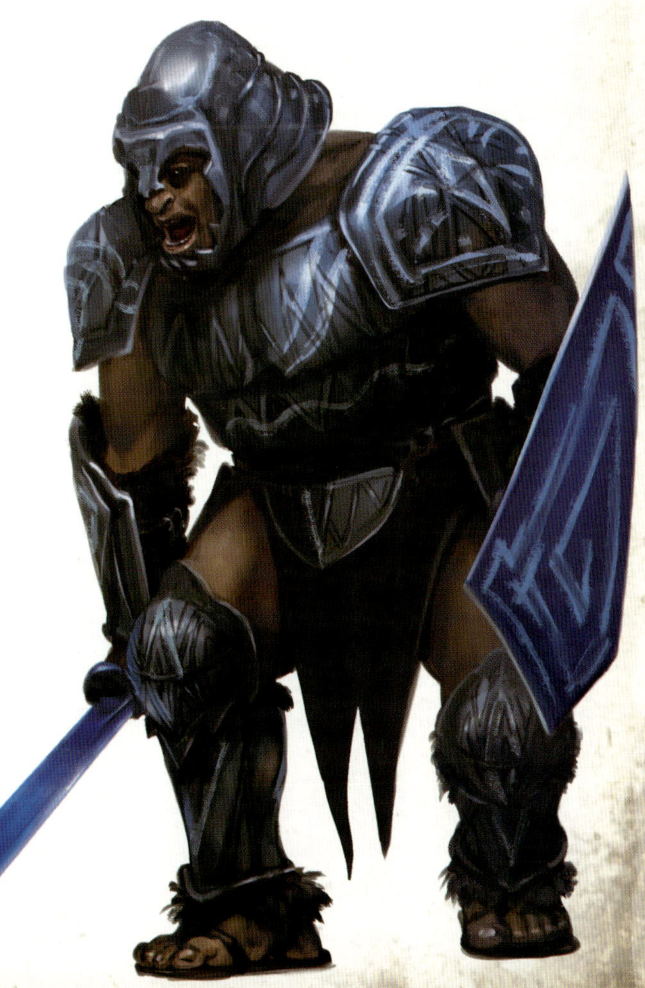

Wer wird überleben?
Falls die Helden zu spät ankommen oder nicht rechtzeitig in den Kampf eingreifen, werden sie nur wenige Überlebende vorfinden: Katka-Iok hat mit zwei weiteren Tapo-Tikaute überlebt, ebenso der Hochschamane der Anoiha (Akhangi, siehe unten) sowie zwei weitere Schamanen. Selbst wenn sich die Helden beherzt und effektiv in den Kampf gestürzt haben, sollten trotzdem 2W3 der Schamanen und 1W3 der Stammeskrieger zu Tode gekommen sein, damit ein gewisses Bedrohungsszenario entsteht. Beschreibungen im Folgenden gehen von einem durchschnittlichen Verlauf des Kampfes aus, wenn die Helden etwa zeitgleich mit den Aggressoren eintreffen.
Ohne Hilfe der Helden schaffen die Verteidiger es vermutlich, fünf Achaz und einen Maru zu besiegen, die restlichen ziehen sich zurück, sobald sie genug Schaden angerichtet haben. Je mehr Gegner die Helden in der Schlacht am Ritualplatz überwinden können, umso weniger werden ihnen am Ende im Finale gegenüberstehen. Zusätzlich zu Chr'ho bieten je nach Kampfstärke deiner Helden 1 bis 2 Marus und 5 bis 6 Achaz eine anregende Herausforderung für das Finale.

Nach dem Kampf

Wenn die Echsen abziehen, bietet sich den Überlebenden ein Bild des Schreckens. Die Krieger der Napewanha liegen von den Marus im Blutrausch geradezu auseinander gehackt tot am Boden und auch einige Schamanen haben die Ahnen zu sich gerufen. Die überlebenden Schamanen sind allesamt leicht oder schwer verwundet und auch die Krieger der Tapo-Tikaute haben (wie die Helden wohl auch) einige Blessuren davongetragen. So weit, so grimm, doch die schlimmen Verluste, die zu beklagen sind, halten die restlichen Schamanen nicht davon ab, den Helden überschwänglich zu danken. Ohne ihr Eingreifen wäre die Entsatztruppe der Tapo-Tikaute wohl zu spät gekommen und die Schamanen wären mit hoher Wahrscheinlichkeit allesamt dahingemetzelt und der Ritualplatz zerstört worden. Hilfe bei der Versorgung der Verletzten, um die sich nun alle erst einmal bemühen sollten, die dazu in der Lage sind, wird natürlich gerne angenommen.

Kriegsrat am Fuß des Kara'iri'itir
Nachdem die Verwundeten versorgt sind, werden die Helden sowie die fremdartigen Krieger der Tapo-Tikaute von den restlichen Schamanen zum Kriegsrat gebeten. Wortführer der Schamanen ist dabei ♟ *Akhangi* (Ende 40, lange, offene schwarze Haare mit zwei auffälligen Schläfenzöpfen, die bis weit über die Brust reichen, trägt das Fell eines Schneeleoparden als Umhang, Schamane vom Stamm der Anoiha; langsames Garethi auf Stufe II), Wortführerin für die Krieger der Tapo-Tikaute ist deren Anführerin Katka-Iok (siehe Seite **33**). Die Zusammenkunft beginnt mit einem gemeinsamen Dankgebet zu Kamaluq, dem jaguarköpfigen Schöpfergott der Waldmenschen, und eine rituelle Pfeife mit beruhigenden Kräutern wird im Kreis von einem zum anderen gereicht.

Einige weitere Schamanen

- ♟ *Hahatonwan* (57, lange schwarze Haare, leicht ergraut, buntes Stirnband, Kette aus getrockneten Nüssen, meisterlicher Schamane der Oijaniha; zurückhaltend, spricht kein Garethi), misstraut den Helden, würde lieber ohne sie den Echsen nachjagen.
- ♟ *Tapam-Wah* (52, Haare zu einem Pferdeschwanz gebunden, offenherzig, meisterliche Schamanin der Mohaha; spricht gut Garethi), ist davon überzeugt, dass die *Nipakau* des Waldes die Helden für die bevorstehenden Aufgaben auserwählt haben.
- ♟ *Wapiya* (44, Stirnglatze mit Spinnentätowierung, weiße Bemalung auf Armen und Oberkörper, meisterliche Schamanin der Keke-Wanaq; spricht nur rudimentär Garethi, eher still) würde am liebsten selbst den Echsen hinterherjagen, setzt sich aber für die Helden ein, wenn diese sich im Kampf wacker geschlagen haben.

Anschließend wird Akhangi die Helden fragen, was sie zu diesem Zeitpunkt hier an diesen Ort gebracht hat, falls die Helden nicht schon die Statue übergeben haben. Enthüllen die Helden ihren Auftrag, ihre Nachforschungen und die neu angefertigte Statue, die ihnen die Jecatoia anvertraut haben, herrscht große Aufregung unter den Schamanen. Sie eilen mit der Statue zum zentralen Pfahl des Platzes und setzen sie dort in die Nische. (Wenn die Helden vor den Echsen den Ritualplatz erreichen, sollte diese Szene vorgezogen werden.) Die Helden können so bemerken, dass auch in jedem der anderen Pfähle eine aus einem jeweils anderen Material gearbeitete kleine Statue in der dafür vorgesehenen Nische steht. Unter den Schamanen bricht anschließend eine hitzige Diskussion aus, während derer sich Katka-Iok spätestens den Helden vorstellt. Dabei spricht sie den am erfahrensten aussehenden Kämpfer unter den Helden an und mustert ihn, seine Waffen und Rüstung offen und voller Neugier. Sollte der Held des Mohischen nicht mächtig sein, muss die Verständigung dabei weitgehend über Handzeichen vonstattengehen, Garethi ist Katka-Iok wie allen Tapo-Tikaute vollkommen unbekannt. Erschwerend kommt hinzu, dass der eigentümliche Dialekt, den die Tapo-Tikaute in den Jahrhunderten ihrer Isolation entwickelt haben, selbst für Muttersprachler des Tahaya (Mohisch auf Stufe III) manchmal nur schwer zu verstehen ist. Nachdem die Schamanen ihren Disput beendet haben, wird im großen Kreis mit allen Anwesenden gesprochen. Vor allem geht es dabei um das weitere Vorgehen:

- Die Helden haben den Waldmenschen einen großen Dienst erwiesen, leider ist die Aufladung der neuen Statue nicht stark genug, um im Ritual verwendet zu werden, und die erste Statue muss unbedingt wiederbeschafft werden. Hier können die Helden von Notia Botero-Montez berichten und erzählen, dass die Echsen sie gefangen genommen haben.

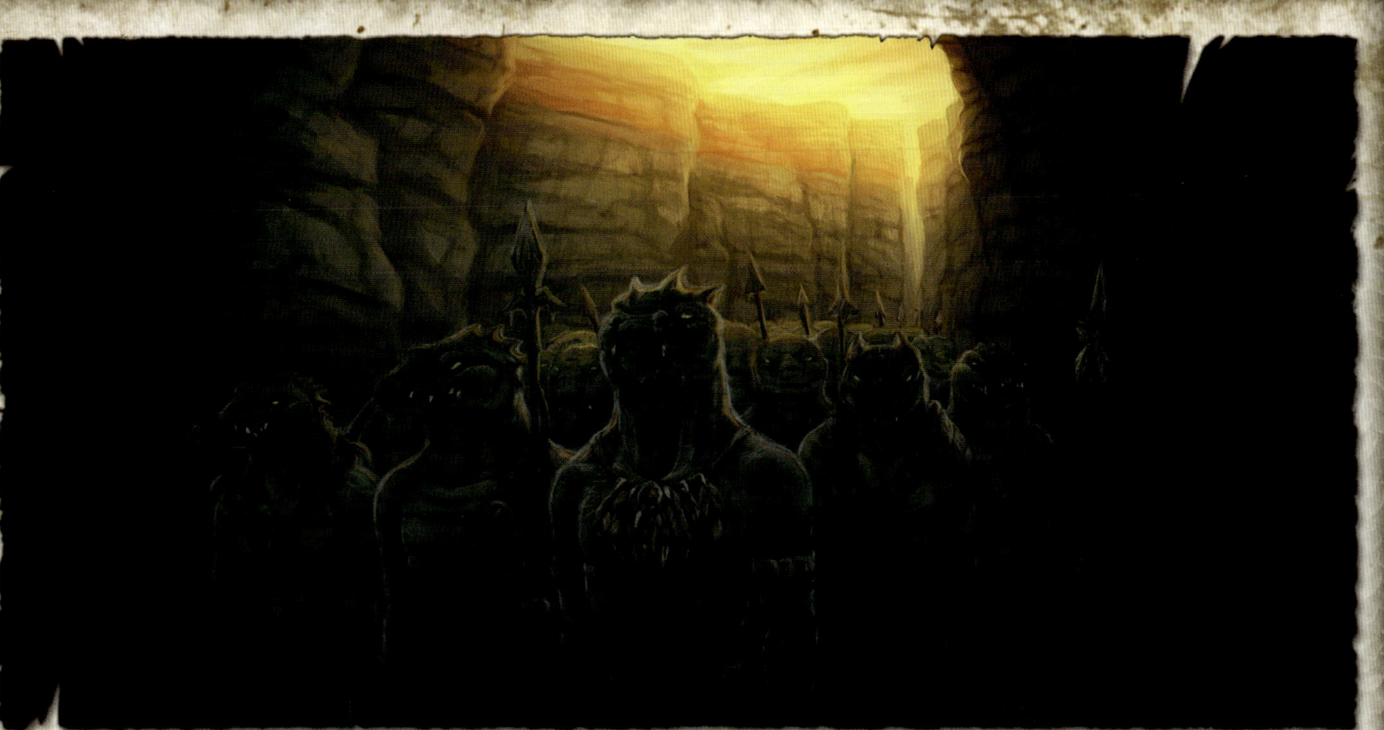

- Katka-Iok schlägt vor, die Marus und Achaz durch den Dschungel zu verfolgen und bietet sich und ihre Leute dafür an, weiß aber selbst, dass dies eine fast aussichtslose Unternehmung darstellen würde.
- Einer der anderen Schamanen schlägt vor, Boten an alle Stämme auszusenden, um die Echsen und die ursprüngliche Statue irgendwie dingfest zu machen.
- Schließlich rufen die Schamanen die Geister der Ahnen herbei, um zu erfragen, was zu tun sei.

Natürlich können auch die Helden Vorschläge machen, sich für die Verfolgung zur Verfügung stellen und Fragen stellen. Nicht auf alle Fragen der Helden haben die Schamanen unbedingt eine Antwort, folgende Informationen geben sie aber bereitwillig heraus:

- Die Statue spielt eine wichtige Rolle in einem großen Ritual, das dringend hier am Kara'iri'itir vollzogen werden muss.
- Es ist nicht wichtig, ob es diese oder eine andere Jadestatue ist, solange die Form in etwa die gleiche ist, aber die rituelle Vorbereitung der Statuette ist von Bedeutung.
- Das Ritual am Kara'iri'itir soll sicherstellen, dass eine uralte Gefahr im Eis des Gletschers gebannt bleibt.
- Die angreifenden Achaz und Marus gehören nicht zu den Stämmen des Sumpflandes, sondern müssen von ihren Priestern aus dem uralten echsischen Tal der Tempel (H'Rezxem) ausgeschickt worden sein.
- Zu den auffällig anders gerüsteten Animisten wissen die Schamanen erst einmal nur dies zu sagen: Es sind Krieger der Tapo-Tikaute.

Neugierige Helden, die sich mit oder ohne Erlaubnis der Schamanen auf das Eis des Gletschers begeben, können die erstarrten Fratzen von einigen im Eis eingefrorenen Achaz, Marus und anderen, unbestimmbaren Echsenwesen unter dem Eis entdecken. Da es nicht direkt verboten ist, den Gletscher zu betreten oder zu besteigen, werden die Schamanen einen Helden nicht zurückhalten, der sich dort umschauen will. Dass sich ein Held an den Eissäulen zu schaffen macht, werden die Waldmenschen jedoch nicht tolerieren.

Der Rat der Ahnen

Zum Vorlesen oder Nacherzählen:

Eine gute Weile schon sitzen die Schamanen im Kreis beisammen, halten sich an den Händen und intonieren einen gleichförmigen Singsang, da entstehen in ihrer Mitte Nebelschlieren. Sie wallen langsam um das Zentrum des Platzes inmitten der Gruppe, ballen sich plötzlich zusammen und bilden eine menschenähnliche Gestalt. Die Schamanen scheinen Zwiesprache mit ihr zu halten, ihre Antwort könnt ihr jedoch nicht hören. Aufgeregte Stimmen werden laut, einige der Schamanen geben überraschte Rufe von sich, andere gestikulieren wild oder winken ungläubig ab. Es dauert eine ganze Weile, bis die Unruhe sich legt. Die versammelten Schamanen lauschen einige Minuten lang andächtig den unhörbaren Worten des Ahnengeistes, dann nicken einige grimmig.

Schließlich verschwindet die Erscheinung, Akhangi tritt aus dem Kreis der Schamanen zu euch und den Kriegern der Tapo-Tikaute mit ihren fremdartigen Rüstungen und Waffen. Zuerst richtet der Schamane sich mit wenigen Worten an die Krieger neben euch, von denen einige raunen, andere heftig die Luft einsaugen, manche mit den Füßen scharren und zu Boden blickend etwas murmeln. Auch durch die stolze Katka-Iok geht ein Ruck, aber dann nickt sie langsam und kniet sich mit gesenktem Haupt vor Akhangi. Die anderen tun es ihr gleich, manche mehr, manche weniger bereitwillig. Dann wendet sich Akhangi auf Garethi an euch: „Kamaluq und die Nipakau haben gesprochen. Was seit Ewigkeiten verborgen war, soll jetzt enthüllt werden, wo die Not am größten ist."

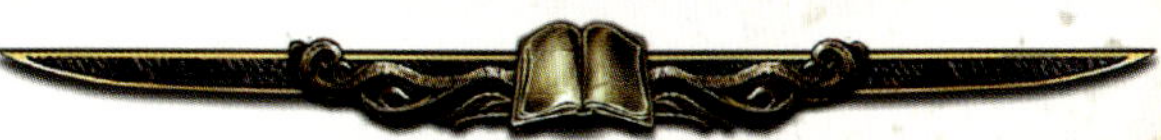

Falls du dem Abenteuer ein bisschen mehr Mystik verleihen und deinen Helden das Gefühl des Auserwähltseins geben willst, kannst du nach dem Gespräch der Schamanen mit den Ahnen folgende Szene einfügen:

Zum Vorlesen oder Nacherzählen:
Die Worte Akhangis hängen bedeutungsschwer in der Luft, als euch plötzlich ein kühler Windhauch um die Nase weht. Woher die unerwartete Brise kommt, könnt ihr nicht sagen, die Schamanen jedoch blicken feierlich und entschlossen drein. Die Stille wird jäh von einem der Krieger unterbrochen, der in Richtung eurer Hände deutet und aufgeregt losplappert. Als ihr eure Hände mustert, entdeckt ihr alle auf euren Handrücken eine in geisterhaftem Blau schimmernde Form, die an den Pfotenabdruck einer großen Raubkatze erinnert. Auch Katko-Iok blickt ehrfürchtig auf ihre Hand hinab, die das gleiche Symbol aufweist. Was gerade geschehen ist, ist euch klar, ohne dass Akhangi es erklären muss: Die Geister der Ahnen haben euch für eine gewichtige Aufgabe gezeichnet.

Tatsächlich sind die Pfotenabdrücke ein Mal, mit welchem die Ahnengeister die Helden und Katka-Iok zeichnen, um ihnen das Betreten der verhehlten Stadt zu erleichtern. An der entsprechenden Stelle im nächsten Kapitel wird Katka-Iok die Male als Argumente heranziehen, um die Wachen am Stadttor von Kuruke-Wape zu besänftigen. Den Entscheidungen der Ahnen und der Nipakau haben die Sterblichen letzlich nichts entgegenzusetzen. Die Male haben keinerlei regeltechnische Auswirkungen und werden innerhalb einer Woche nach und nach vollständig verblassen.

Er trägt den Helden auf, mit den Kriegern der Tapo-Tikaute zu gehen. „Geheime Wege" und die „Weisheit einer Ewigen" seien die einzige Möglichkeit, die Echsen vielleicht noch aufzuhalten.

Nachdem den Helden und den Tapo-Tikaute das weitere Vorgehen als Wille Kamaluqs enthüllt wurde, drängen die Schamanen die Helden und Krieger zum Aufbruch. Katka-Iok lässt fünf ihrer besten Krieger als Schutz für die Schamanen zurück, der Rest macht sich mit den Helden auf den Weg zur geheimen Pforte nach Kuruke-Wape. Es handelt sich um einen unauffälligen, von außen kaum zu erkennenden Spalt in der Flanke eines Berges, der den Namen *Tutaq-Rolida* trägt – und tatsächlich ist es aufgrund des machtvollen *Tabus*, das über dem Berg liegt, ohne die Führung eines Eingeweihten von außen praktisch unmöglich, den verborgenen Eingang zu entdecken.

Katka-Iok treibt die Helden und ihre Krieger unermüdlich an. Sollte einer der Helden schwerere Verletzungen davongetragen haben, wird für ihn in Windeseile eine Trage angefertigt. Nach einem sechsstündigen Gewaltmarsch erreichen die Helden und die Tapo-Tikaute die Felsspalte.

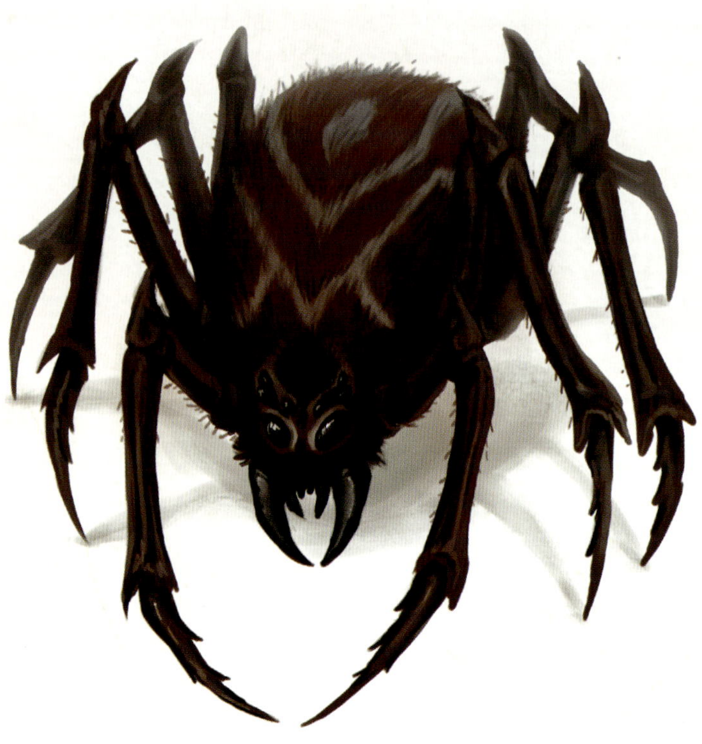

HINTER KOBALT-BLAUEN TOREN

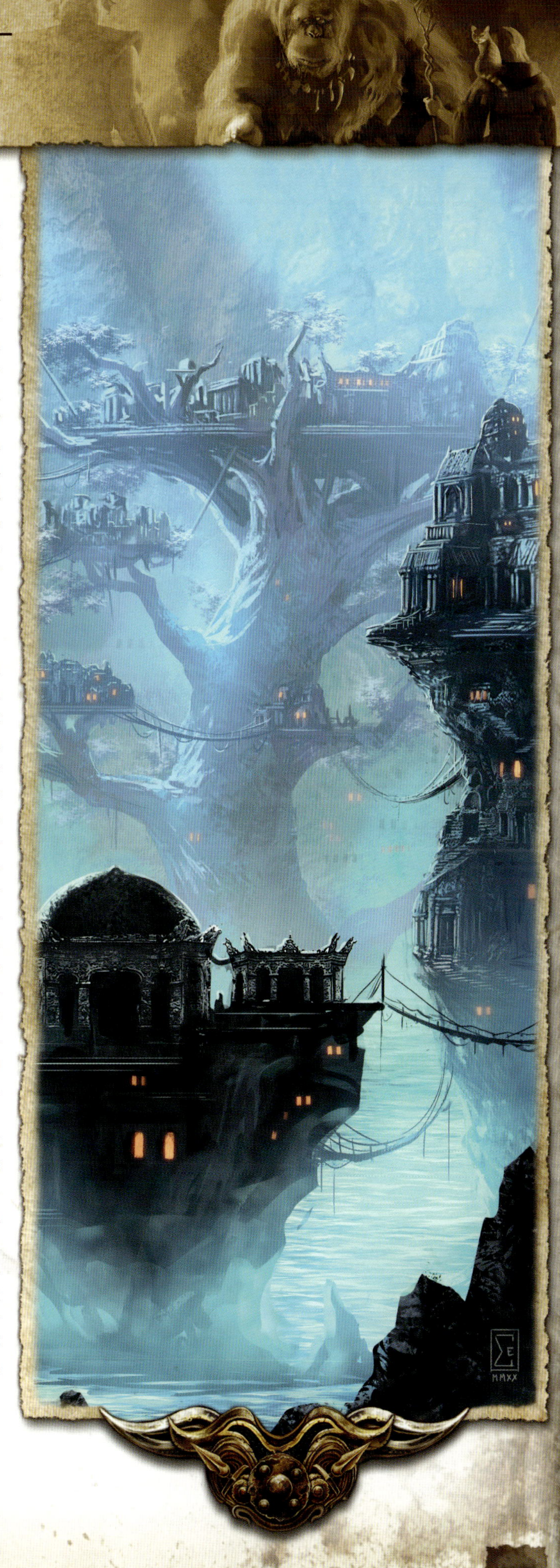

In diesem Kapitel erreichen die Heldinnen endlich die sagenhafte, verborgene Stadt Kuruke-Wape, eines der bestgehüteten Geheimnisse der meridianischen Dschungel. Sie geraten in Kontakt mit der einzigartigen Welt der Tapo-Tikaute, einer Kultur, die viele Jahrhunderte in selbstgewählter Isolation verbracht hat. Doch die Zeit drängt, und eine ausführliche Auseinandersetzung mit den Tapo-Tikaute muss warten, denn schon bald werden die Heldinnen auserwählt, um die nach der Schlacht unter dem *Kara'iri'itir* entkommenen Echsen auf geheimen Pfaden tief unter dem Regengebirge zu verfolgen. Letztlich kann es ihnen gelingen, Chr'ho und seine Spießgesellen im *Tal der Tausend Echos* zu stellen, um die bedeutungsvolle Statuette zurückzuerobern, ohne die ganz Meridiana bald einer gefährlichen Bedrohung entgegensehen könnte ...

Hinab ins Dunkle

Der geheime Weg nach Kuruke-Wape verbirgt sich in einer unauffälligen, von einigen Büschen versteckten Felsspalte, die wie eine kleine Schlucht gut zehn Schritt in den Berg hineinführt, bevor sie in einer größeren Höhle endet. Katka-Iok betritt sie als erste und bedeutet den Heldinnen mit Handzeichen, ihr zu folgen. Die Krieger der Tapo-Tikaute bilden die Nachhut. Für das problemlose Durchqueren der nur wenige Spann breiten Felsspalte muss jede Heldin eine Probe auf *Körperbeherrschung* +1 ablegen. Zuviel Gepäck, Fettleibigkeit oder BE erschweren die Probe um jeweils –1 (oder um die BE-Stufe). Misslingt die Probe, so steckt die Heldin fest, was die Tapo-Tikaute sehr belustigt. Die steckengebliebene Heldin kann sich durch eine erneute Probe auf *Körperbeherrschung (Entwinden)* befreien. Alternativ kann eine davor oder dahinter gehende Gefährtin mit einer Probe auf *Kraftakt (Ziehen & Zerren* oder *Drücken & Verbiegen)* Abhilfe schaffen. Heldinnen, die so befreit werden, erleiden 1W3+1 SP.

Die Höhle am Ende des Weges ist gut zweieinhalb Schritt hoch und etwa fünf Schritt breit, aber nur einen Schritt tief und endet abrupt an einem wie in den Fels heineingewachsenen Tor mit kobaltblauen Torflügeln. Auf ein Klopfzeichen von Katka-Iok hin schwingen sie lautlos nach innen auf und geben den Blick auf einen schwach beleuchteten Gang und vier weitere Krieger frei. Zwischen diesen und Katka-Iok entbrennt eine hitzige Diskussion um die Heldinnen. Die Wachen wollen sie nicht einlassen. Katka-Iok besteht jedoch darauf und kann sich schließlich durchsetzen.

Kuruke-Wape, die verhehlte Stadt

Region: Regengebirge
Einwohner: 5.000
Herrschaft: König Akku-Mijok als Oberhaupt eines siebenköpfigen Ältestenrats
Tempel: Hanpokuna, Kamaluq, Ratetak, Sumukopa
Handel und Gewerbe: autarke Wirtschaft, die alle nötigen Versorgungs- und Verbrauchsgüter selbst produziert
Besonderheiten: Stadt befindet sich vollständig in einer ausgedehnten Höhle, tiefer Höhlensee mit schwachem blauem Leuchten, ausgedehntes Gängesystem mit Erzminen und Pilzfarmen außerhalb der Stadthöhle, komplexes hängendes System aus landwirtschaftlich genutzten Plattformen
Stimmung in der Stadt: starker gesellschaftlicher Zusammenhalt, tief verwurzelter Respekt vor Älteren, bis zum Erscheinen der Helden seit Ewigkeiten kein Kontakt zur Außenwelt

Die Heldinnen haben bislang einiges gesehen und erlebt, wovon selbst viele Waldmenschen nur aus Legenden wissen. Besonders das Dorf der Jecatoia dürfte durch seine Einzigartigkeit einigen Eindruck auf sie gemacht haben. Der Anblick der verborgenen Stadt Kuruke-Wape sollte jede Heldin jedoch in deutlich größerem Maße beeindrucken. Allein schon die Existenz einer völlig unbekannten Stadt der Waldmenschen mit einer so großen Bevölkerungsdichte und extremen kulturellen Spezialisierung – jedenfalls verglichen mit anderen Stämmen – ist für aventurische Gelehrte und Laien gleichermaßen nicht weniger als eine Sensation. Dachte man bislang, die Lebensweise der Waldmenschen hätte sich ausschließlich im Stammeswesen und der freien Organisation in Sippen und Dörfern solidifiziert, so straft der Anblick der Stadt dieses Denken Lügen. Abgesehen von ihrer schieren Existenz, dürfte auch die eigenwillige Lage, die einzigartige Architektur mit Bauwerken an den Wänden um einen blau schimmernden Höhlensee, dem pyramidenartigen Königspalast auf einer Insel und den beeindruckenden Tempeln, von denen einer an eine steinerne Riesenschildkröte erinnert, jede Heldin in Erstaunen versetzen. Hinzu kommen die *Schwebenden Gärten*, ein minutiöses Geflecht aus Plattformen, Seilen und Brücken in luftiger Höhe, die abenteuerlich unter klaffenden Löchern in der Höhlendecke hängen. Eine ausführliche Stadtbeschreibung findest du in der **RSH** ab Seite **31**.

Einige wichtige Persönlichkeiten Kuruke-Wapes

- Der auf Lebenszeit gewählte König von Kuruke-Wape *Akku-Mijok* (51, ebenmäßige Gesichtszüge, aufrechte Haltung, leichte Sehschwäche, selbstlos; brillanter Animist und meisterlicher Herrscher) wird von den Tapo-Tikaute verehrt und geschätzt. Als ausgesprochener Traditionalist sieht er in den vorgehenden Veränderungen eine Gefahr für sein Volk.
- Im Gegensatz dazu sehnt sich die einflussreiche Schamanin *Aoli-Schowe* (34, breitschultrig, abstehende Ohren, neugierig; meisterliche Schamanin des Kamaluq) insgeheim danach, mehr über die Außenwelt zu erfahren. Sie kann als Fürsprecherin der Heldinnen vor dem Ältestenrat fungieren.
- Neben dem König selbst gehören dem Ältestenrat sechs weitere Mitglieder an, die in einem komplexen Regeln folgenden zeitlichen Abstand neu gewählt werden. Zurzeit gehören ihm die Traditionalisten *Aomi-Noso* und *Engmi-Schaye* an. Veränderung gegenüber offener sind *Boki-Piwan* und *Duki-Poya*. Eine eher ausgleichende Haltung zwischen den beiden Fraktionen nehmen *Balme-Showo* und *Aiko-Potak* ein. Alle Frauen und Männer, die dem Ältestenrat angehören, befinden sich in einem fortgeschrittenen Alter, was sich leicht an der Zahl der bunten Perlen aus verschiedenen Materialien an den Ketten um ihren Hals ablesen lässt.
- Im Tempel des Hanpokuna lehrt *Jupopu-Lokan* (Anfang 50, blinder Animist mit Affinität zur Hellsicht, spricht wenig). Er gehört zu den skeptischen Tapo-Tikaute, die allen Veränderungen kritisch gegenüberstehen. Später, nach der Begegnung der Heldinnen mit der Tierkönigin der Riesenaffen *Mey-Iao* (siehe Seite **42**), ändert sich seine Einstellung den Heldinnen und der Zukunft gegenüber.

Die Tapo-Tikaute

Der vergessene Stamm der Tapo-Tikaute hat in der über zweitausend Jahre währenden Isolation eine ganz eigene Hochkultur geschaffen, die sich neben einem hohen Grad an Spezialisierung und einem strengen Kastensystem auch in vielen anderen Aspekten sehr von der Lebensweise der restlichen Waldmenschen unterscheidet. Seit dem Sternenfall und den damit einhergehenden Veränderungen ist auch in die isolierte Gemeinschaft der Tapo-Tikaute Bewegung gekommen. Wichtigstes Anzeichen für eine bevorstehende Veränderung ist das Aufweichen des uralten *Tabus*, mit dem das Volk der Tapo-Tikaute und ihre Stadt Kuruke-Wape aus den Erinnerungen des Dschungels und der Waldmenschen getilgt wurden. Wie im Rest Aventuriens auch, ist die Natur der Veränderung aber alles andere als eindeutig, und so haben sich regelrechte Fraktionen in der vormals streng nach den uralten Überlieferungen und Traditionen lebenden Gemeinschaft der Tapo-Tikaute herausgebildet. Während die Traditionalisten unter Führung des weithin respektierten und verehrten Königs Akku-Mijok jegliche Veränderung als gefährlich ablehnen, gibt es nicht wenige unter den Bewohnern

Kuruke-Wapes, welche die Zeit gekommen sehen, in die Welt hinauszutreten und einen Platz zwischen den Völkerschaften Südaventuriens einzunehmen. Eine dritte Gruppe verhält sich dieser zentralen Frage gegenüber eher neutral und ist vielmehr um Harmonie und die Einheit ihres Volkes bemüht. Sie betrachten die Entwicklungen mit Sorge. Eine eingehende Beschreibung der Tapo-Tikaute und ihrer Kultur findest du an vielen Stellen in der **RSH**.

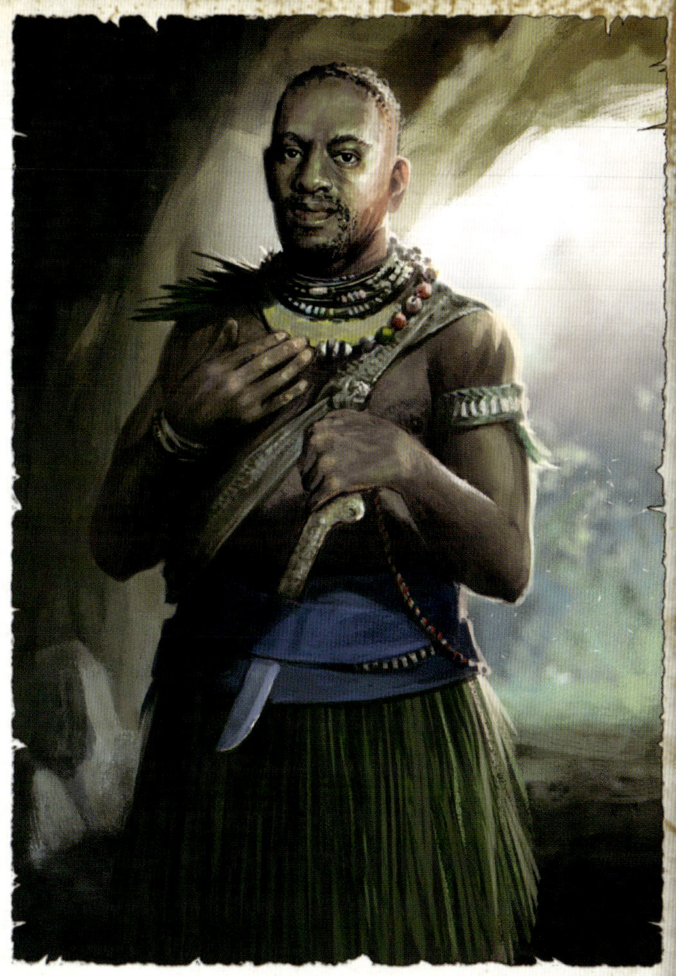

Der König von Kuruke-Wape

An das in der Felsspalte eigentümlich fehl am Platz wirkende Stadttor von Kuruke-Wape schließt sich eine große Halle an, der zentrale Raum des Tempels der Ratetak. Hier herrscht für gewöhnlich geschäftige Betriebsamkeit, denn der Tempel dient als öffentlicher Versammlungsplatz für die meisten Bewohner der Stadt, als Lehrstätte für ihre Kinder und generell als Ort für sämtliche Aktivitäten und Veranstaltungen, welche die gesamte Stammesgemeinschaft betreffen. Anderswo würde man seinen Nachbarn wohl nicht vertrauen, die Pforte zur Außenwelt bei dieser täglichen Versuchung nicht aufzustoßen, doch in Kuruke-Wape sind Zusammenhalt und Respekt vor den gemeinsamen Regeln tief im Einzelnen verwurzelt – niemand würde aus reiner Neugier seine Mitmenschen in Gefahr bringen.

Die Rückkehr Katka-Ioks und ihrer Krieger kommt nicht unerwartet – dass sie Besucher mitbringen, jedoch schon. Bei Ankunft der Heldinnen bemühen sich die wachhabenden Animisten darum, die Tempelhalle zu leeren, Passanten und Schaulustige werden in benachbarte Räume getrieben, einige versuchen, den einen oder anderen neugierigen Blick auf die Neuankömmlinge zu erhaschen, andere stürzen verängstigt aus der Halle.

Der etwa zwanzig Schritt durchmessende Raum ist ein Verteilungsknoten in die verschiedenen Bereiche des Tempels. Stilisierte Darstellungen einer Würgeschlange zieren als Reliefs die Wände und als Mosaik den Boden der Halle, die allgemeine Architektur und das Dekor werden von runden Formen dominiert.

Katka-Iok wartet kaum die Bemühungen der Wächter zur Leerung der Halle ab, sondern hält zielstrebig auf einen dem Stadteingang gegenüberliegenden Torbogen zu. Dahinter eröffnet sich die riesige Kaverne, in welche die Stadt Kuruke-Wape erbaut wurde. Wer durch das Portal tritt, befindet sich etwa am Fuße des Tempelgebäudes, das aus der Ostwand der Höhle herausgearbeitet wurde.

Nicht weit vom Tempel entfernt führt eine stabile Brücke aus uraltem Holz über den von einem tiefblauen Schimmer erfüllten See unterhalb der Stadt. Die Heldinnen werden von zwei der Torwachen eskortiert, wenn sie sich über die Brücke zu einer Felseninsel begeben. Dort erhebt sich der pyramidenartige Königspalast, und der Ältestenrat erwartet die Ankunft der Besucher bereits auf dem großen Platz davor.

Die Heldinnen in Kuruke-Wape

Bei allen Interaktionen zwischen den Tapo-Tikaute und den Heldinnen solltest du bedenken, dass diese mit einiger Wahrscheinlichkeit die ersten Fremden und mit Sicherheit die ersten Nicht-Waldmenschen sind, die seit über zweitausend Jahren die verborgene Stadt betreten. Kaum einer der Tapo-Tikaute hat Menschen eines anderen Waldmenschenstammes, geschweige denn einen Mittelreicher, Horasier oder gar Zwerg je gesehen. Entsprechend fällt auch ihre Reaktion auf die Heldinnen aus. Je nach individueller Veranlagung kann diese die Gestalt von scheuer Angst, behutsamer Neugierde oder unverhohlenem Interesse annehmen, auf jeden Fall aber sind die meisten Tapo-Tikaute zunächst misstrauisch und vorsichtig: Kinder werden vor den Fremden in Sicherheit gebracht, man hält Abstand, starrt aber voller Unglaube auf die fremdartige Kleidung, die Waffen, die Haare der Besucher. Manche Tapo-Tikaute schlagen vielleicht auch mit schlangenförmigen Bewegungen der Faust bei abgespreiztem kleinem Finger Zeichen zum Abwehren des Bösen, wenn sie die Heldinnen sehen, oder weichen ihren Blicken aus. So sehr die Entdeckung dieser Stadt ein Schock und ein Wunder für die Heldengruppe sein mag – der Schock der Bewohner über das Auftauchen von Fremden ist weitaus größer, und das sollten die Heldinnen auch spüren.

Zum Vorlesen oder Nacherzählen:
Kaum mit Worten zu beschreiben ist der Anblick, der sich euch bietet, als ihr über die aus schwerem, uraltem Holz gearbeitete Brücke schreitet. So weit ihr die gewaltige Kaverne überblicken könnt, bedecken von Hand gearbeitete Strukturen ihre Wände: Gebäude, Treppen, Brücken, Seilzüge befinden sich überall, riesige Felssäulen, die zehn Menschen mit ihren Armen nicht umspannen könnten, stützen eine Decke, in der zahlreiche klaffende Löcher dem Licht der Sonne Einlass gewähren. Ein Gewirr aus Holzgerüsten, die schier zu schweben scheinen, verwehrt euch einen ungehinderten Blick nach oben, und bald bemerkt ihr, dass von unten, von dem still am Grund der Höhle liegenden See, ein sanftes blaues Leuchten heraufscheint. Staunend huschen eure Augen umher, können all die wundersamen Bilder kaum erfassen. Dort scheint sich der Kopf einer riesigen Schildkröte aus dem Wasser zu erheben, gehauen aus reich verziertem Stein, da nimmt ein prachtvolles Gebäude eine kaum zu schätzende Wandfläche ein, es wirkt wie aus unzähligen Dreiecken verschiedener Größe zusammengesetzt.
In der Mitte der Höhle, dort, wohin euch euer Weg führt, ragt auf einer Insel mitten im See ein großes, pyramidenartiges Bauwerk auf, und davor steht, links und rechts von je drei älteren Tapo-Tikaute flankiert, ein stattlicher Mann um die fünfzig. Seine finstere Miene bringt er bei eurem Nahen mühsam unter Kontrolle, als er wie zu einem Segen beide Hände über den Kopf hebt und spricht: „Teva ruyu ka, ka Kuruke-Wape"•. Katka-Iok und ihre Krieger lassen sich auf ein Knie nieder und verbeugen sich tief.

• Übersetzung: *Das Blut der wahren Heimat streckt die Hand aus, die Hand des verborgenen Kuruke..*

Den Heldinnen steht es frei, sich ebenfalls zu verbeugen oder der Szene im Stehen beizuwohnen. Für Fremde hat das Zeremoniell der Tapo-Tikaute keine Regeln – sie existierten bislang schlicht nicht. Bevor Akku-Mijok sich an die Heldinnen richtet, wird er den Bericht Katka-Ioks entgegennehmen. Auch wenn keine der Heldinnen der Mohischen Sprache im nötigen Umfang (Stufe III) mächtig ist, ist klar ersichtlich, dass Akku-Mijok, der die Heldinnen während des Berichts Katka-Ioks nicht aus den Augen lässt, wenig erfreut über ihr Erscheinen ist. Die sechs Berater im Hintergrund wiederum betrachten die Heldinnen teils ablehnend, teils mit unverhohlener Neugier. Sobald Katka-Iok ihren Bericht beendet hat, tragen zwei wie Geweihte wirkende Frauen eine Kiste herbei und stellen sie vor Akku-Mijok ab, verneigen sich und treten respektvoll zurück. Darauf liegt eine langgezogene Schädelplatte, die jedoch nicht aus Knochen, sondern aus einem alabasterweißen Kristall gefertigt zu sein scheint. In ihrer Stirn prangt ein dunkles Juwel, und ein Band ist an der Rückseite befestigt.
Der König setzt das merkwürdige Objekt wie eine Maske auf. Von diesem Moment an kann er jedes Wort der

Der Kristallschädel
Bei dem Objekt, welches der König aufsetzt, handelt es sich um ein mächtiges magisches Artefakt, mit dem sich jede Sprache verstehen lässt (ähnlich wie mit der Liturgie Wundersame Verständigung). Es übersetzt für seinen Träger alles, was in einem Umkreis von 8 Schritt gesprochen wird, hat jedoch keinen Einfluss auf Geschriebenes und übersetzt auch nicht für Umstehende.
Das Artefakt erleichtert somit nur die Kommunikation in eine Richtung, es stellt eine Vereinfachung der Situation für deine Spieler dar, nicht jedoch unbedingt für dich. Es ist denkbar, bei Bedarf auch einer Heldin den Gebrauch des Kristallschädels zuzugestehen, sofern notwendig, wobei es die Dramaturgie des Momentes unterstützen würde, wenn dies erst in einer späteren Szene (siehe Seite **41**) geschieht.
Natürlich kannst du dich auch gegen die Verwendung des Kristallschädels entscheiden, bedenke aber, dass dies die ganze Situation für die Spieler wie auch für dich als Meister erschwert. Weitere Informationen zu dem Artefakt findest du in der **Rüstkammer der Dampfenden Dschungel** auf Seite **23**.

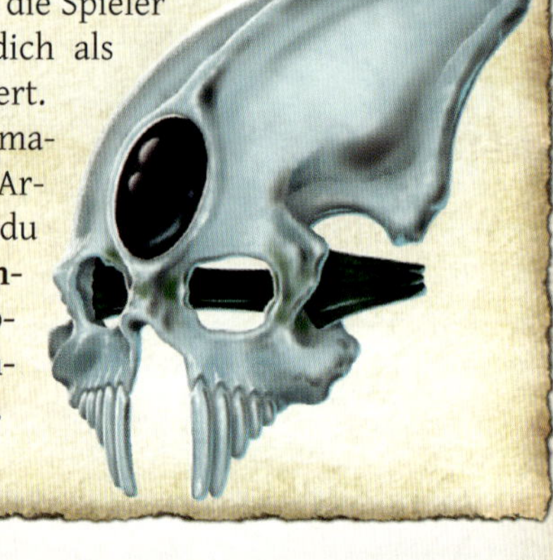

Heldinnen verstehen, in welcher Sprache sie es auch immer äußern mögen. Mit Gesten fordert er sie dazu auf, ihre Geschichte zu erzählen, und lauscht ihnen aufmerksam.
Der König der Tapo-Tikaute möchte erfahren, was zur Anwesenheit der Heldinnen am Ritualplatz geführt hat und was sie über die entwendete Statue und ihre Bedeutung wissen. Anhand seiner Körperhaltung können die Heldinnen erkennen, dass er ihre Einmischung nicht gerade mit Wohlwollen betrachtet. Auf Argumente und Überzeugungsversuche antwortet er nur mit einem Kopfnicken. Wenn die Heldinnen geendet haben, zieht er sich mit seinen Beratern zur Besprechung zurück, nachdem er Katka-Iok aufgetragen hat, die Fremden den notwendigen Reinigungsritualen zu unterziehen.

Das Reinigungsritual
Katka-Iok führt die Heldinnen über einige Brücken und Plattformen zum am Rande des Sees gelegenen rituellen Badehaus. Auf dem Weg werden die Heldinnen wieder von den Tapo-Tikaute bestaunt. Auf der Plattform mit dem Badehaus stellt sich schließlich eine aufgebrachte junge Animistin den Heldinnen und Katka-Iok in den Weg und beschuldigt Katka-Iok vor dem versammelten Publikum der staunenden Tapo-Tikaute, die alten Wege,

die Traditionen von Kuruke-Wape, zu verraten. Unbeeindruckt schiebt Katka-Iok die Störenfriedin beiseite, was zu lebhaften Diskussionen unter den anwesenden Tapo-Tikaute führt. Unter den Verwünschungen der jungen Animistin betreten die Heldinnen schließlich das aus einem Vorraum und einem großen dahinterliegenden Dampfbad bestehende Badehaus. Im Vorraum beginnt Katka-Iok sich ohne weiteres zu entkleiden und bedeutet den Heldinnen mit Handzeichen, es ihr gleichzutun. Im Dampfbad selbst ist es sehr heiß und dunstig, im Zentrum steht eine große Wanne mit Wasser und einer Kohlegrube darunter. Zudem liegen Bündel aromatischer Laubzweige bereit, mit denen – Katka-Iok macht es den Heldinnen vor – diese sich auf den Rücken peitschen müssen. Insgesamt müssen die Heldinnen zwölfmal um das zentrale Wasserbecken schreiten. Erst dann gelten sie als gereinigt und dürfen sich fürs Erste ohne unmittelbare Bewachung in der Stadt bewegen.

Der Atem der Welt

Nach einigen Stunden, während derer die Helden Rast machen, etwas essen, sich um ihre Ausrüstung kümmern und ihre Pläne besprechen können, werden sie von Katka-Iok wieder vor König Akku-Mijok und seine Berater gerufen. Die Szene ähnelt der ersten Begegnung und der König empfängt die Besucher wieder vor den Stufen des pyramidenartigen Palastes, umringt von seinen Beratern und den beiden Frauen, die wie Geweihte wirken. Vor ihnen steht der Kristallschädel. Der einzige Unterschied sind die vielen neugierigen Tapo-Tikaute, die auf der Palastinsel zusammengekommen sind und am Rande des Platzes warten. Jeder will einen Blick auf die Fremden erhaschen und den Urteilsspruch des Königs hören, sodass das vielstimmige Geraune erst endet, als König Akku-Mijok wieder die Hände über den Kopf hebt und die rituelle Begrüßungsformel spricht (*„Teva ruyu ka, ka Kuruke-Wape“*). Einer der Helden darf dann den Kristallschädel aufsetzen.

In einer regelrechten Ansprache erklärt der König, dass die Ankunft der Besucher keine Gefahr für die Stadt und ihre Bewohner darstellt, dass es sich bei ihnen vielmehr um Verbündete handelt, die mit den Tapo-Tikaute im Kampf gegen einen gemeinsamen Feind vereint sind. Im Laufe der Rede wird deutlich, dass Katka-Iok und ihre Krieger auf eigene Faust aus der Stadt ausgezogen sind, ohne Billigung des Ältestenrates. Akku-Mijok verfügt, dass so etwas nicht noch einmal vorkommen sollte. Katka-Iok selbst, die in der Nähe der Helden steht, nimmt dies mit schuldbewusster, aber stolzer und entschlossener Miene auf, hebt jedoch nicht zur Widerrede an.

Sobald sich das in der Menge aufgekommene Raunen gelegt hat, fährt Akku-Mijok fort. Es werde den unerwarteten Gästen auferlegt, die Situation richtigzustellen, die zu ihrem kurzfristigen „Besuch“ (dieses Wort betont er deutlich) geführt hat. Es wird ihnen gestattet, die Wege unter der Stadt zu beschreiten. Zuerst aber sollen sie dort in der ewigen Dunkelheit den „Atem der Welt“ aufsuchen, Dieser werde letztendlich über den Weg und das Schicksal der Helden wie der Tapo-Tikaute entscheiden, so wie es immer war und immer sein wird.

Im Anschluss an die Rede, die von erstaunten Rufen, vielstimmigem Geraune und sowohl ablehnenden wie auch zustimmenden Gesten begleitet wird, führt Akku-Mijok mit seinen Beratern eine kleine Prozession an, die sich ins Innere des Palastes zurückzieht. Prächtig gerüstete Krieger mit grimmigen Gesichtsausdrücken bedeuten den Helden, ihnen zu folgen. Auf die reich mit aufwendigen Schnitzereien und bunten Teppichen ähnelnden Matten aus verschiedenfarbigem Bast geschmückte Eingangshalle können sie nur einen kurzen Blick werfen, während sie eine unauffällige Treppe hinuntergeführt werden. Der schlichte Gang mündet in einen Raum von schier unbezähmbarer Pracht. Unter dem Palast befindet sich der Tempel des Kamaluq, ein zeremoniell bedeutsamer Ort, zu dem nur die wichtigsten Würdenträger Kuruke-Wapes Zugang erhalten. Er quillt förmlich über von Schätzen und Kultgegenständen, von juwelenbesetzten Skulpturen verschiedener Tierarten in allen erdenklichen Größen und aus allen möglichen Materialien gefertigt, von denen einige geradezu organisch anmuten. Die Wände sind mit allerlei

Jupopu-Lokan

MU 12 **KL** 14 **IN** 15 **CH** 11
FF 11 **GE** 13 **KO** 15 **KK** 13
LeP 38 **AsP** 30 **KaP** – **INI** 12+1W6
AW 5 **SK** 2 **ZK** 2 **GS** 7
Waffenlos: AT 11 **PA** 5 **TP** 1W6 **RW** kurz
Epharit-Schild: AT 9 **PA** 7 **TP** 1W6+3 **RW** kurz
Epharit-Speer: AT 13 **PA** 5 **TP** 1W6+4 **RW** lang
RS/BE: 6/0
Vorteile/Nachteile: Beidhändig, Herausragender Sinn (Gehör), Richtungssinn, Zauberer / Blind, Schlechte Eigenschaft (Aberglaube)
Sonderfertigkeiten: Belastungsgewöhnung I+II, Blindkampf I[AKO152], Finte I, Geländekunde (Höhlenkundig), Wuchtschlag I
Talente: Klettern 5, Körperbeherrschung 7, Orientierung 12, Schwimmen 0, Selbstbeherrschung 5, Sinnesschärfe 12, Verbergen 10, Willenskraft 4
Zauber/Magische Handlungen: Balsam Salabunde 8, Blick in die Gedanken 12, Gedankenbilder 12[AMA129]; Animistenkräfte: Kampffähigkeiten verbessern 5, Schneller Angriff 5, Talentverbesserung 7
Kampfverhalten: Jupopu-Lokan bewegt sich umsichtig durch die Kavernen unter dem Regengebirge, deren Gefahren er trotz seines fehlenden Augenlichts gut kennt. Kommt es zu einem Kampf, verteidigt er sich mit seinem Speer, bis sich die Gelegenheit oder Notwendigkeit zur Flucht bietet.
Schmerz +1: 29 LeP, 19 LeP, 10 LeP, 5 LeP oder weniger

Mustern und Szenen in bunten Farben bemalt. Besonders häufig sind Zeichnungen von Würgeschlangen und affenartigen Wesen. Nur die Stirnseite des Raumes ist völlig schmucklos bis auf ein schlichtes, kniehohes Podest, das wie ein Altar an der Wand steht.
Auch diesen Raum können die Helden nicht lange betrachten, denn sie werden an ebendieses Podest geführt. Dahinter, von vorne kaum zu sehen, führen schmale Stufen tiefer hinab. Der König und seine Berater bleiben im Tempel zurück, den Helden wird neben Proviant und Wasser für eine Reise von vier Tagen auch ein Dutzend Fackeln ausgehändigt, und sie erhalten den blinden Animisten Jupopu-Lokan als Führer an die Seite. Durch rituelle Gesänge, in denen Schmerz und Hoffnung gleichermaßen mitklingen, verabschieden sich die versammelten Würdenträger von den Helden.

Unter dem Palast

Unzählige steile Treppen führen im Zickzack immer tiefer in die Dunkelheit unter dem Königspalast, eine nach der anderen. Jupopu-Lokan bewegt sich behände ohne jegliche Lichtquelle nach unten – wozu sollte er sie auch benötigen, er ist ja blind –, den Helden ist es jedoch gestattet, eine der Fackeln zu entzünden, die sie erhalten haben. Nach einer guten Stunde unablässigen Abstiegs mündet die Treppe in einen unbearbeiteten Höhlengang. Der Animist führt die Helden noch eine Weile lang weiter durch lichtlose, stille Gänge, von denen einige größere und kleinere Abzweigungen abgehen, und bleibt schließlich vor einem gewaltigen Eingang stehen. Bis hierher darf er die Helden begleiten. Dem *Atem der Welt* müssen sie jedoch allein gegenübertreten.
Schon auf dem Weg kann eine gelungene Probe auf *Sinnesschärfe (Suchen* oder *Wahrnehmen)* ein tiefes, langsames Geräusch enthüllen. Erst hier, vor der fraglichen Höhle, sollte jedoch deutlich werden, dass es sich tatsächlich um das Atemgeräusch eines riesigen Wesens handelt.

Mey-Iao

Die unsterbliche ℹ *Mey-Iao* (uralter Riesenaffe, 8 Schritt groß, Tierkönigin der Riesenaffen mit freizauberischen Fähigkeiten und der Möglichkeit zur telepathischen Verständigung, Auserwählte Kamaluqs und Bewahrerin des *Tabus*, das Kuruke-Wape verhehlt, Gabe der hohen Prophezeihung, trägt eine ausladende Halskette aus Menschenknochen) hat sich mit dem großen Kristall, der auch anderen Riesenaffen Intelligenz verleihen kann, freiwillig in die Tiefen des Gebirges zurückgezogen, um Kamaluqs Willen zu gehorchen. Ursprünglich ist sie es gewesen, die für mehr als zwei Jahrtausende über die karmalen Bande gewacht hat, welche die Echsenarmee am *Kara'iri'itir* im Eis gefangen hält. Mit dem Sternenfall und dem hereinbrechenden Karmakorthäon ist sie allein nicht mehr in der Lage, die Armee dort festzuhalten. Das Ritual der Schamanen hatte somit den Zweck, sie bei ihrer Wacht zu unterstützen. Somit hat Mey-Iao ein großes Interesse daran, dass die Helden ihre Aufgabe erfüllen und das Ritual trotz aller Fährnisse doch noch gelingt. Ein Kampf gegen dieses unsterbliche Wesen ist nicht vorgesehen – und wäre für die Helden auch kaum zu gewinnen. Ihre Halskette besteht aus Knochen von Tapo-Tikaute, die sie besonders liebgewonnen hat, die zum Teil schon vor sehr langer Zeit gestorben sind und die sie so als Erinnerung immer bei sich trägt.

Das Knochenorakel

In der in absoluter Dunkelheit liegenden Höhle sitzt Mey-Iao im Schneidersitz mit geschlossenen Augen und erwartet die Helden bereits. Hinter dem gut 10 Schritt hohen Eingang zur Höhle weitet sich diese in eine Kammer von 60 Rechtschritt mit einer Höhe von 12 Schritt. Auf dem Boden sind neben Geröll und staubigem Sand auch Reste von Früchten zu sehen, die liebevoll drapiert wurden. An den Seitenwänden stapeln sich menschliche Knochen zu schritthohen Türmen. Sobald die Helden einige Schritte in die Höhle hineingetreten sind, erkennen

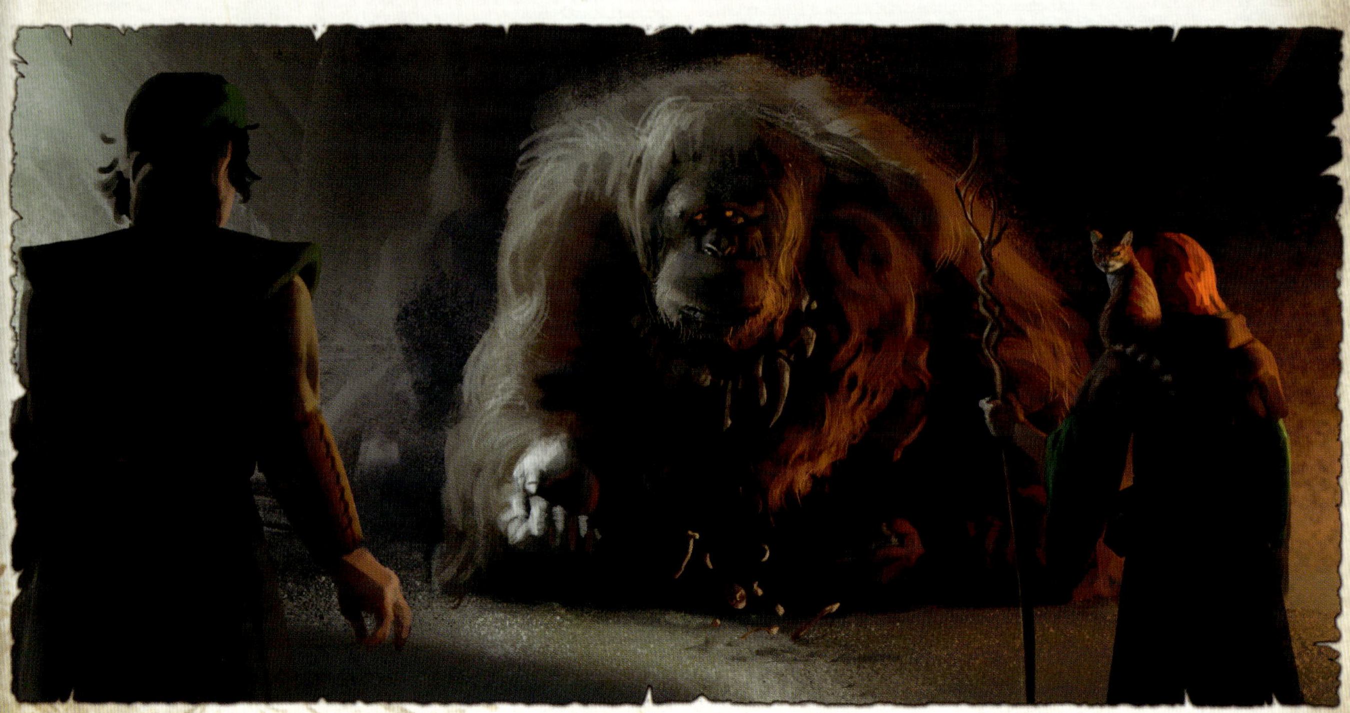

sie auch den gewaltigen Körper der Riesenaffin und ihr rötlich-braunes Fell. Gleichzeitig schlägt Mey-Iao ihre großen Augen auf, beugt sich vor, sodass die Helden im Schein ihrer Fackeln das Gesicht der Tierkönigin und die Halskette aus Menschenknochen gut sehen können, und begrüßt sie auf telepathischem Wege: „Ich habe euch erwartet. Habt keine Angst und tretet näher, Menschenkinder. Setzt euch und hört, was die Knochen uns voraussagen." Dabei beginnt sie langsam und umständlich, die Kette zu lösen und die Knochen liebevoll einen nach dem anderen abzufädeln. Dann beginnt Mey-Iao, vor sich hinzusummen, schüttelt die Knochen in ihren gewaltigen Pranken einmal ordentlich durch und lässt sie dann zwischen sich und die Helden fallen.

Die Prophezeihung

Wie Mey-Iao aus dem Knochenorakel herausliest, wird Chr'hos Trupp auf seinem Rückweg das *Tal der Tausend Echos* durchqueren, von dem aus man Zugang zu geheimen Pässen erhält, die zwischen den Gipfelketten nach Norden führen. Sie sieht auch, dass die Echsen noch gut zweieinhalb Tage brauchen, um das Tal zu erreichen. Der Weg dorthin durch das Höhlensystem dauert bei angemessenem Marschtempo knapp zwei Tage. Die Helden haben also durchaus die Möglichkeit, die Echsen zu überholen und ihnen in besagtem Tal einen Hinterhalt zu legen. Mey-Iao kann auch bestätigen, dass die Echsen die Statue tatsächlich bei sich tragen und mit einer gefangenen Menschenfrau reisen (sofern Notia nicht bereits befreit wurde). Ihr durch das Orakel erworbenes Wissen überträgt sie telepathisch sowohl an die Helden als auch an Jupopu-Lokan, der einen erstickten Schreckenslaut von sich gibt, als Stimme und Präsenz des ihm unbekannten Wesens durch seinen Verstand branden. Wenn die Tierkönigin geendet hat, drängt sie die Helden zum Aufbruch. Fragen nach ihrem Alter, ihrer Herkunft und ihrem Wissen beantwortet sie nur mit einem zärtlichen telepathischen Lachen.

Durch Empfang der Prophezeiung kannst du den Helden jeweils 1 bereits ausgegebenen Schip zurückgeben.

In den Tiefen

Das Regengebirge ist insbesondere in seinem südlichen Teil von einem gewaltigen Höhlensystem aus tausenden Gängen, Spalten, Höhlen, Grotten und Stollen durchzogen. Diese haben teils atemberaubende Ausmaße, etwa wie die Kaverne, in der Kuruke-Wape liegt, teils sind sie kaum mehr als einen Halbschritt hoch oder noch enger. Den Tapo-Tikaute sind einige der Hauptgänge und Höhlen bekannt, darunter auch der Weg zum strategisch wichtigen *Tal der Tausend Echos* (siehe Seite **44**). Sie haben sie aufgrund der vielfältigen Gefahren und Schrecken, die in der ewigen Dunkelheit dieser Gänge lauern, aber nie umfassend kartographiert.

Den Helden steht ein langer Weg durch die Dunkelheit bevor. Am besten wird daher Buch über die Nutzung von Fackeln geführt – eine Fackel sollte etwa zwei Stunden lang Licht spenden. Damit sind die zwölf Fackeln, die man den Helden mitgegeben hat, lange nicht genug – besonders wenn man den Rückweg bedenkt. Auf der anderen Seite sind die Gänge, durch die Jupopu-Lokan die Helden führt, sicher genug, um sich auch in der Dunkelheit voranzutasten. Ihr Führer kennt den Weg zum *Tal der Tausend Echos* und ist diesen schon oft gegangen, sodass er vor Gefahren und Besonderheiten warnen kann. Versuche der Helden, abzweigende Gänge und Höhlen zu erforschen, wird er mit dringlichem Hinweis auf den Zeitdruck (notfalls mit dem Zauber GEDANKENBILDER[AMA129]), unter dem sie stehen, zu verhindern suchen, hält die Helden aber nicht tätlich davon ab, vom Weg abzuweichen. Da der Weg etwa 20 Stunden Fußmarsch in Anspruch nimmt, müssen die Helden mindestens eine Rast von sechs oder acht Stunden einlegen, um nicht völlig erschöpft zu sein, wenn sie an ihrem Ziel ankommen.

Weitere Gefahren

Nachfolgend sind drei exemplarische Ereignisse vorgestellt, mit denen du deine Helden auf dem Weg unter dem Regengebirge konfrontieren kannst. Darüber hinaus ist es möglich, die Reise nach Belieben weiter auszugestalten, Anregungen kannst du zum Beispiel in der **RSH** finden. Die unerforschte Welt der Höhlen unter dem Regengebirge kann alle möglichen Gefahren und Gelegenheiten für die Heldengruppe bereithalten. Der Weg kann zusätzlich auch bei Tageslicht durch von außen unzugängliche Täler führen, verschiedenartige Tiere und Ungeheuer können ihn kreuzen. Zögere nicht, diesen Abschnitt nach Belieben auszuschmücken, um deiner Spielgruppe ein unvergessliches Erlebnis zu bereiten!

Der glitzernde See

Die erste größere Höhle, durch welche die Helden auf ihrem Weg nach etwa vier Stunden Fußmarsch treffen, hat einen unregelmäßigen Durchmesser von etwa 50 Schritt. Bis auf einen kleinen, glitschigen, von Moosen und Flechten bewachsenen Streifen am Rand wird die Höhle vollständig von einem See mit stillem schwarzem Wasser, über dem elementare Mindergeister tanzen, eingenommen. Die kleinen Flämmchen, Luftwirbel, Wassertropfen und Erdklumpen sondern ein zu ihrem jeweiligen Element passendes Licht ab (rot für Feuer, blau für Wasser, weiß für Luft und grün für Humus). Zauberer der Gruppe – und somit auch Jupopu-Lokan – wirken auf die Mindergeister wie Licht auf Motten, und sie schwirren um ihre Köpfe, was sämtliche Proben um –1 erschwert. Um den schmalen, feuchten und glitschigen Pfad sicher zu beschreiten, muss eine Probe auf *Körperbeherrschung (Balance)* gelingen. Wem die Probe misslingt, der rutscht aus und fällt in den See. Der Voran- oder Hinterhergehende kann dies mit einer um die Zustandsstufen *Belastung* des Fallenden erschwerten Probe auf *Körperbeherrschung* oder *Kraftakt* verhindern. Das Wasser des Sees ist angenehm kühl und klar, und außer Nasswerden droht den Helden keine Gefahr.

Die zitternde Höhle

Die zweite größere Höhle erreichen die Helden nach etwa zehnstündigem Fußmarsch. Jupopu-Lokan wird spätestens hier auf eine kurze Rast drängen. Die riesige Kaverne ist rund 200 Schritt lang und 100 Schritt breit sowie halb so hoch. Von Decke und Boden wachsen gewaltige, bis zu 20 Schritt lange Stalaktiten und Stalagmiten, von denen ein leichtes, gelbliches Leuchten ausgeht, sodass die Höhle in ein warmes, fast goldenes Licht getaucht ist. Bricht man etwas von dem hitzelos glühenden Material ab, hört es sofort auf zu leuchten. Eine genauere Untersuchung der Stalagmiten und Stalaktiten (*Steinbearbeitung*) ergibt, dass sie sich in einer Art harmonischer Schwingung befinden. Eine Rast in der Höhle erlaubt eine Regeneration, bei der jeweils 2 LeP, AsP und KaP mehr als üblich zurückgewonnen werden kann.

Die schwarze Höhle

Die dritte und letzte große Höhle, in welche die Helden auf der Reise unter Tage zum *Tal der Tausend Echos* vorstoßen, ist auch gleichzeitig der Ausgang aus dieser Unterwelt. Die Höhle ist rund 100 Schritt lang, 50 Schritt breit und um die 20 Schritt hoch und wurde vor Urzeiten von Schwarzogern als Kultplatz genutzt, an dem sie ihrem grausigen Urahn Ogeron Opfer darbrachten. Der Kultplatz ist seit mindestens einem Jahrtausend verlassen. In der Mitte der Höhle gruppieren sich drei je fünf Schritt hohe schwarze Monolithen um eine schwarze, wie ein Tisch wirkende Felsplatte, deren Oberfläche und Seiten unnatürlich glatt wirken und auf dem eine einzige, etwa fingerbreite Rille von der Kopfseite zu einer rundlichen Vertiefung genau in der Mitte führt. In der Vertiefung befinden sich drei kleine Löcher. Auf den Monolithen finden sich Reste seltsamer Glyphen oder Bilder, die aber zu verwittert sind, um noch entziffert oder abgepaust werden zu können. Vom Ende der Höhle dringt etwas Tageslicht durch einen Spalt in die Dunkelheit. Wird der Steintisch in der Mitte genauer untersucht, ergibt eine Probe auf *Steinbearbeitung* Folgendes:

Probe auf *Steinbearbeitung*

QS 1 – Der Stein muss einmal spiegelblank gewesen sein und ist geometrisch zu perfekt, um natürlichen Ursprungs zu sein.
QS 2 – Das Alter der Bearbeitung kann auf mehr als 1000 Jahre geschätzt werden.
QS 3+ – Durch die Rille kann aufgrund eines leichten, kaum merklichen Gefälles Flüssigkeit zur Vertiefung in der Mitte geleitet werden

Wenn du deiner Gruppe eine zusätzliche Hürde in den Weg stellen willst, halten sich in der Schwarzen Höhle (Anzahl der Helden/2) Gruftasseln (siehe **Aventurischer Almanach** Seite **161**) auf. Sie greifen die Helden an, wenn sie sich länger in der Höhle aufhalten, also die Monolithen und den Steintisch untersuchen. Bedenke aber, dass den Helden ohnehin noch ein herausfordernder Kampf im *Tal der Tausend Echos* bevorsteht!

Im Hinteren Teil der Höhle befindet sich der Ausgang zum *Tal der Tausend Echos*. Daneben führt eine uralte, mit groben Werkzeugen in den Stein gehauene Treppe zu einer Plattform in etwa zehn Schritt Höhe. Von dieser verläuft ein etwa vier Schritt hoher und drei Schritt langer Gang nach hinaus auf einen Felsvorsprung, von dem wiederum halb verwitterte, grobe Stufen in das Tal hinunterführen. Die Stufen sind für Menschen viel zu groß und müssten erklettert werden. Der ebenerdige Ausgang führt durch einen schmalen, kaum einen Schritt breiten und etwa zwei Schritt hohen Spalt auf eine steil abfallende Geröllhalde.

Der Kampf im Tal der Tausend Echos

Das langgezogene, schmale Tal verläuft annähernd von Ost nach West und kann nur durch zwei schmale Schluchten erreicht werden, die als natürliche Engpässe den Helden einen strategischen Vorteil verschaffen können. Das Tal ist mit einem lichten Wald und üppigen Farnen bewachsen. Genau in der Mitte des Tals befindet sich ein kleiner See, der aus einer unterirdischen Quelle gespeist wird und dessen Wasser fast gefahrlos trinkbar ist (mögliche Ansteckung mit Flinkem Difar nur bei 1-2 auf 1W20). Die Seiten des Tales werden durch steil aufragende Felswände begrenzt, die zwischen 10 und 20 Schritt hoch sind. Hier und da befinden sich Felsvorsprünge, auf denen auch ein Mensch problemlos Platz finden kann. Sogar einige knorrige Lorbeergewächse wachsen an den steilen Hängen. Oberhalb der Steilwände setzt sich eine ähnliche Flora fort. Durch die Enge des Tals und die steil aufragenden Steilwände werden die Stimmen der Helden sich vielfach überlagernd als Echos zurückgeworfen, sobald etwas lauter gesprochen wird. Ein Einzelner kann so die Anwesenheit einer kleinen Armee vortäuschen.

Einen Hinterhalt legen

Je nachdem, wie lange die Helden für den Weg durch das Höhlensystem gebraucht haben, stehen ihnen bis zu zwölf Stunden zur Verfügung, um sich auf die Ankunft der Echsen, die das Tal von Osten betreten werden, vorzubereiten. Offensichtlich bieten der Ein- und der Ausgang

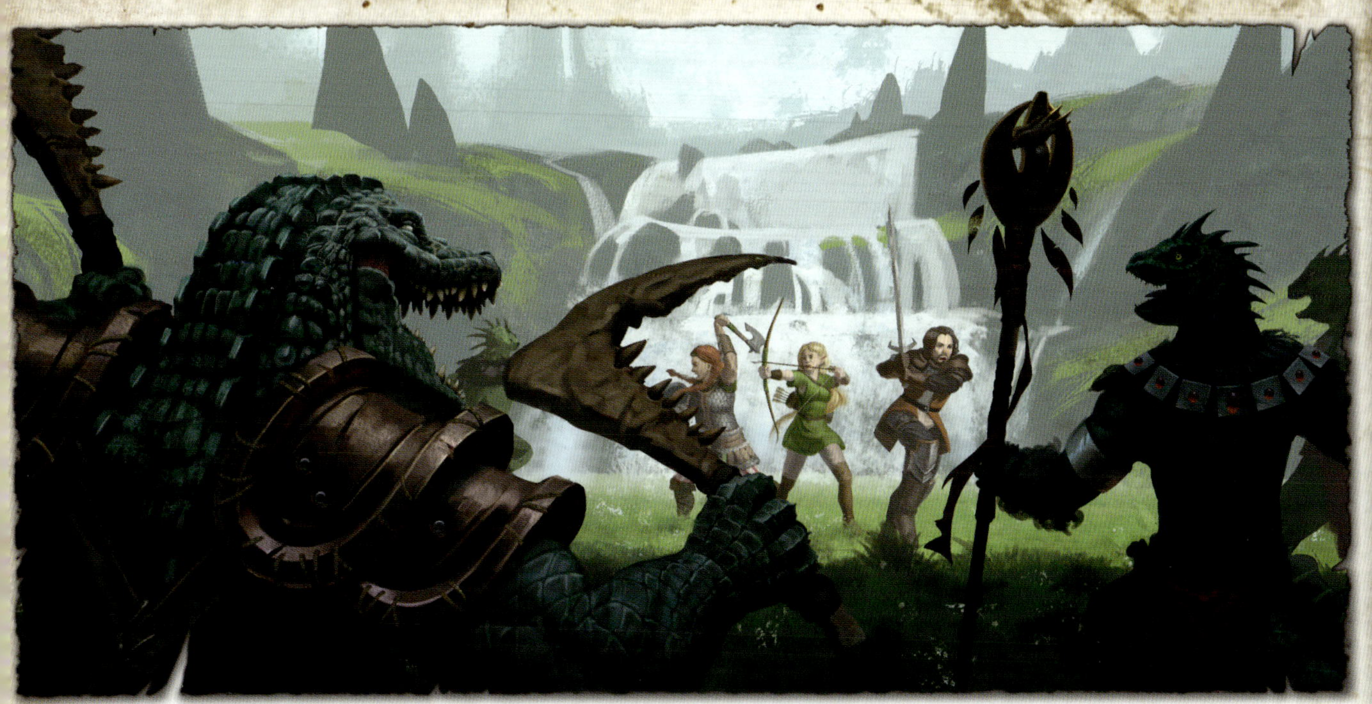

zum Tal als natürliche Engpässe eine besonders gut zu verteidigende Position. Der östliche Eingang der Schlucht ist nur knapp drei Schritt breit und bietet höchstens zwei Kämpfern die Möglichkeit, nebeneinander zu kämpfen. Der westliche Eingang ist mit fünf Schritt etwas breiter, dafür steigt der Weg dort an und so hätte man hier den Vorteil einer erhöhten Position. Fernkämpfer und Zauberwirker können sich zudem entweder auf einer der Felsvorsprünge in der Steilwand oder gleich am oberen Rand positionieren. Insgesamt bietet das Tal mit seinen Besonderheiten eine große Zahl verschiedener taktischer Möglichkeiten, sich den Echsen zu stellen. Diese können durchaus auch miteinander kombiniert werden. Falls deine Gruppe sich mit Ideen schwertut, kannst du ihnen nach einer gelungenen Probe auf *Kriegskunst (Partisanenkampf)* so viele Hinweise oder Ideen geben, wie QS erreicht wurden. Die offensichtlichste Möglichkeit ist sicherlich, die Echsen am Ausgang der Schlucht abzufangen und zum Kampf zu stellen, ohne dass diese ihre zahlenmäßige Überlegenheit voll ausnutzen können. Nachfolgend sind einige Beispiele für mögliche taktische Vorgehensweisen aufgeführt:

- *Eine Barrikade errichten:* Direkt beim engen Durchlass zum Tal oder im Tal selbst können befestigte Stellungen mit angespitzten Pfählen errichtet werden (Proben auf *Kraftakt* und *Holzbearbeitung*, für kompliziertere Arbeiten wie angespitzte Pfähle, die man im Boden vergräbt und mithilfe eines Seils aufstellen kann, sind auch Proben auf *Mechanik* denkbar).
- *Eine Falle bauen:* Es ist denkbar, eine Erdgrube auszuheben, mit angespitzten Pfählen zu versehen und anschließend zu tarnen. Hier wären Proben auf *Wildnisleben* oder *Kriegskunst* (zum Auffinden einer geeigneten Stelle), *Holzbearbeitung* (zur Herstellung der Pfähle), *Kraftakt* (zur Aushebung der Grube), *Fährtensuchen* oder *Verbergen* (zum Verwischen der Spuren und zur Tarnung der Falle) passend.
- *Steinlawinen vorbereiten:* Die Helden können sich oberhalb der Schlucht aufstellen und von dort Steine (als Wurfwaffen oder als regelrechte Lawine, etwa mit einem Hebelmechanismus) auf die heranrückenden bzw. in der engen Schlucht durch verteidigende Helden aufgehaltenen Gegner niedergehen lassen (eine Geröllawine richtet 2W6+2 TP bei bis zu 6 Gegnern an, bei einzelnen Steinen wird der Schaden halbiert). Hier eignen sich Sammelproben auf *Wildnisleben* oder *Sinnesschärfe* (zum Auffinden geeigneter Steine), *Kraftakt* (zum Zusammentragen) und *Mechanik* (um einen schnellen Auslöser vorzubereiten).
- *Ich bin Legion:* Die akustische Beschaffenheit der Echos kann von der Heldengruppe zu ihrem Vorteil genutzt werden. So kann ein einzelner Held mit lautem Rufen und martialischem Waffengeklirr den Eindruck erwecken, als hätte sich eine ganze Kompanie Soldaten im Tal verschanzt. Dafür wären Proben auf *Einschüchtern* angebracht, durch welche die Marus Zustandsstufen *Furcht* erhalten, die weniger willensstarken Achaz womöglich gar ganz in die Flucht geschlagen werden können. Durch Illusionsmagie könnten die Echos noch deutlich beeindruckender wirken.

Jupopu-Lokan will sich zwar nicht freiwillig am Kampf beteiligen – immerhin wurde die Aufgabe den Helden übertragen –, er lässt sich aber womöglich mit einer Vergleichsprobe auf *Bekehren & Überzeugen* oder *Überreden* dazu bewegen, mitzukämpfen. Selbst wenn er sich während der Schlacht versteckt hält, eilt er den Helden aber hinterher mit seinen Heilkünsten und Zaubern zu Hilfe, um sie so gut es geht wieder zusammenzuflicken.

Chr'ho und seine Truppen

Je nachdem, wann die Helden die Schlacht am Ritualplatz erreicht und wie sie sich gegen die Echsen in diesem Kampf geschlagen haben, wird die vor ihnen liegende Aufgabe einfacher oder schwieriger. Sollten die Helden gar nicht am Ritualplatz gekämpft haben, so stehen ihnen im *Tal der Tausend Echos* drei Marus, zehn Achaz und Chr'ho selbst gegenüber. Haben sie gekämpft und einige der Feinde bereits besiegt, dann entsprechend weniger. Mindestens ein Maru und fünf Achaz sollten dem Anführer des Trupps noch zur Verfügung stehen. Sollte es aufgrund besonders erfolgreicher Aktionen der Helden dazu gekommen sein, dass Chr'ho in der Schlacht am Ritualplatz getötet wurde, hat ein anderer Maru seine Stelle eingenommen und führt den Trupp zurück nach H'Rezxem.

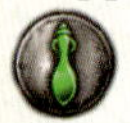 Die Echsen haben einen Gewaltmarsch hinter sich und leiden unter 1 Stufe *Betäubung*.

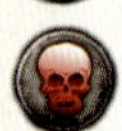 Chr'ho oder ein anderer Maru haben unterwegs bei einem Achazstamm weitere Kämpfer angeheuert.

Die Taktik des Kr'Thon'Chh

Das *Tal der Tausend Echos* ist der schnellste und sicherste Weg für die Marus und Achaz, wieder in ihre Heimat, die uralte Tempelstadt H'Rezxem, zurückzukehren.

Chr'ho

MU 16 **KL** 11 **IN** 13 **CH** 10
FF 8 **GE** 14 **KO** 16 **KK** 16
LeP 42 **AsP** – **KaP** – **INI** 15+1W6
AW 9 **SK** 1 **ZK** 3 **GS** 7
Waffenlos: AT 16 **PA** 8 **TP** 1W6+2 **RW** kurz
Biss: AT 13 **PA** – **TP** 2W6+2 **RW** kurz
Schwanz: AT 13 **PA** – **TP** 1W6+3 **RW** mittel
Maru-Säbel*: AT 16 **PA** 8 **TP** 1W6+5 **RW** mittel
RS/BE: 4/0
Vorteile/Nachteile: Beidhändig, Dämmerungssicht II, Zäher Hund / Blutrausch, Kälteempfindlich, Schlechte Eigenschaft (Jähzorn)
Sonderfertigkeiten: Anführer, Belastungsgewöhnung I, Beidhändiger Kampf I, Finte I (Waffenlos, Biss, Schwanz, Maru-Säbel), Kampfreflexe I, Schmerzen unterdrücken, Wuchtschlag I+II (Waffenlos, Biss, Schwanz, Maru-Säbel), Zu Fall bringen (Schwanz)
Talente: Einschüchtern 12, Handel 3, Klettern 2, Körperbeherrschung 8, Kraftakt 11, Kriegskunst 8, Menschenkenntnis 1, Schwimmen 8, Selbstbeherrschung 8, Sinnesschärfe 7, Überreden 2, Verbergen 2, Willenskraft 10
Kampfverhalten: Chr'ho sucht sich den am schwersten gerüsteten Gegner aus und macht ihn mit *Wuchtschlägen* nieder. Verliert er seine Waffe, versucht er, seinen Gegner mit dem Schwanz *zu Fall zu bringen* und ihm dann mit *Bissen* den Rest zu geben.
Flucht: Chr'ho flieht nicht
Schmerz +1 bei: 32 LeP, 21 LeP, 10 LeP, 5 LeP oder weniger
Sonderregeln:
*) *Schwache Arme*: Nach jeder 5. KR, die Chr'ho ununterbrochen kämpft, muss er eine Probe auf *Kraftakt* bestehen, um seine Waffen nicht fallenzulassen. Er kämpft dann ohne Waffen weiter. Die Probe ist beim zweiten Mal um –1 erschwert, beim dritten Mal um –2 usw. Alternativ kann er, wenn er nur eine Einhandwaffe führt, diese auch in die andere Hand nehmen. Der Wechsel der Hand kostet 1 Aktion.

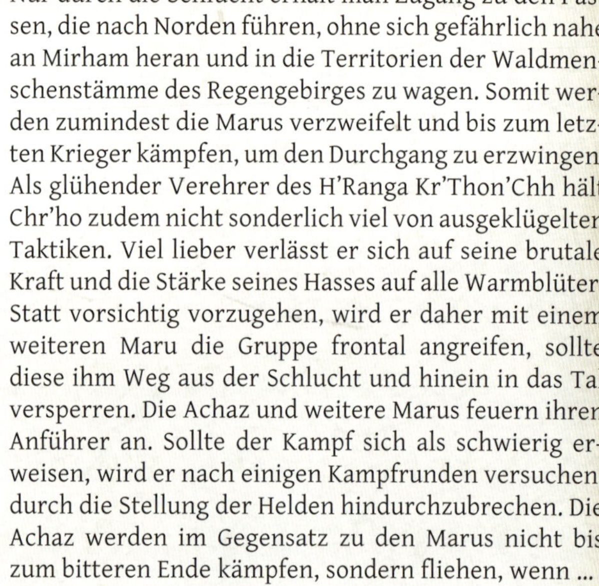

Nur durch die Schlucht erhält man Zugang zu den Pässen, die nach Norden führen, ohne sich gefährlich nahe an Mirham heran und in die Territorien der Waldmenschenstämme des Regengebirges zu wagen. Somit werden zumindest die Marus verzweifelt und bis zum letzten Krieger kämpfen, um den Durchgang zu erzwingen. Als glühender Verehrer des H'Ranga Kr'Thon'Chh hält Chr'ho zudem nicht sonderlich viel von ausgeklügelten Taktiken. Viel lieber verlässt er sich auf seine brutale Kraft und die Stärke seines Hasses auf alle Warmblüter. Statt vorsichtig vorzugehen, wird er daher mit einem weiteren Maru die Gruppe frontal angreifen, sollte diese ihm Weg aus der Schlucht und hinein in das Tal versperren. Die Achaz und weitere Marus feuern ihren Anführer an. Sollte der Kampf sich als schwierig erweisen, wird er nach einigen Kampfrunden versuchen, durch die Stellung der Helden hindurchzubrechen. Die Achaz werden im Gegensatz zu den Marus nicht bis zum bitteren Ende kämpfen, sondern fliehen, wenn ...

- ... sie nur über 50 % ihrer LeP verfügen.
- ... ersichtlich ist, dass der Kampf verloren geht (z. B. beim Tod von Chr'ho und zwei weiteren Marus).
- ... sie sich in der Unterzahl sehen (nachdem mehrere Achaz und Marus gefallen oder geflohen sind).

Die entführte Notia

Die von den Echsen als Gefangene an einem Halsband mit Leine mitgeführte Notia Botero-Montez (außer die Helden haben diese schon am Ritualplatz befreit) hat Chr'ho während des gesamten Weges als Trophäe hinter sich

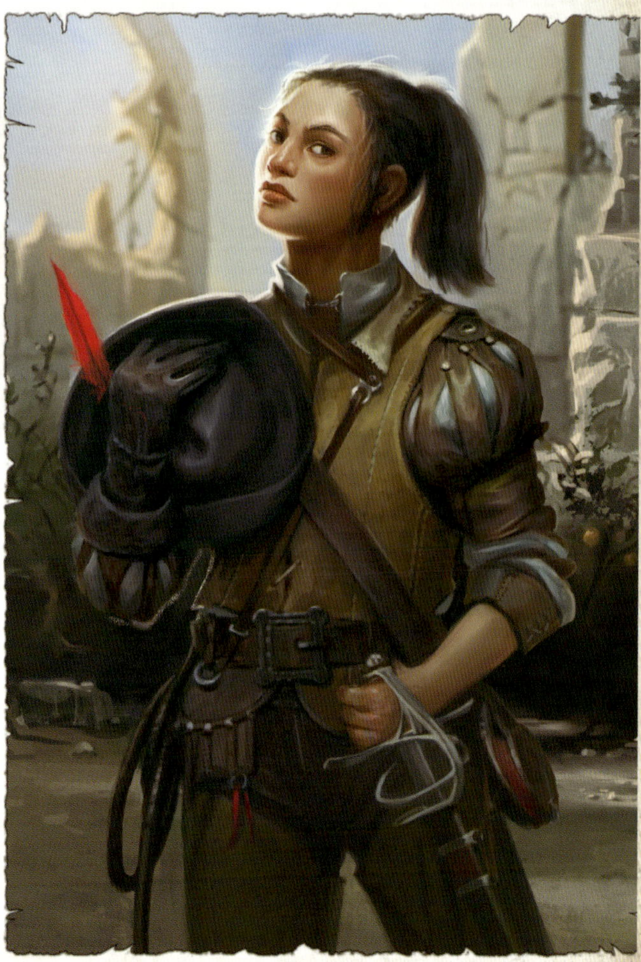

Was, wenn wir scheitern?
Wenn die Helden zu spät kommen, den Kampf verlieren oder Chr'ho es schafft, durch die Verteidigungslinien zu brechen und samt der Jadestatue zu entkommen, ist der Süden Aventuriens in großer Gefahr, denn die unter dem *Kara'iri'itir* eingefrorene Armee droht, aus ihrer Starre zu erwachen. Dabei hängt alles an der Jadestatue – selbst wenn die Helden fliehen müssen, dabei aber die Jadestatue mitnehmen, kann das Ritual noch vollendet werden.
Im Anschluss kannst du natürlich ein eigenes Szenario entwickeln, in dem die Helden versuchen, die verschiedenen (und sich gegenseitig nicht selten spinnefeind gesinnten) Mächte im Süden Aventuriens auf die bevorstehende Gefahr vorzubereiten und Allianzen zu schmieden. Für das offizielle Aventurien wird davon ausgegangen, dass die Jadestatue und Notia Botero-Montez rechtzeitig gerettet und das Ritual am *Kara'iri'itir* erfolgreich durchgeführt werden. Nach den Ereignissen dieses Abenteuers und dem ersten Besuch von Fremden in Kuruke-Wape wandelt sich die Stimmung dort langsam hin zu einer Öffnung gegenüber der Außenwelt. Aus der verhehlten Stadt Kuruke-Wape wird mit der Zeit das enthüllte Kuruke-Lahe (siehe hierzu auch **RSH Seite 174**).

hergezogen. Wenn der Kampf beginnt, übergibt er sie an einen der Achaz. Die Ablenkung des Kampfgetümmels nutzt Notia, um sich so schnell wie möglich von den Fesseln zu befreien, wofür sie eine Sammelprobe auf *Körperbeherrschung* -2, 1 KR, beliebig viele Versuche, ablegt (ihre Werte findest du auf Seite **8**). Sobald sie sich befreit hat, wird sie versuchen, auf Seiten der Helden in den Kampf einzugreifen. Da sie weder eine Waffe bei sich hat noch lebensmüde ist, wird sie aber nicht einfach mit Tritten und Schlägen auf die Achaz losgehen. Denkbar wäre, dass sie einem gefallenen Maru oder Achaz dessen Waffe abnimmt oder ein Ablenkungsmanöver startet, wegläuft und so zwei Achaz vom Kampfgetümmel abzieht, die sie verfolgen. Sie hegt einen besonderen Hass auf Chr'ho und wird nicht davor zurückschrecken, ihm in den Rücken zu fallen, sollte sich die Gelegenheit ergeben.

Die Jadestatue
Die Jadestatue befindet sich in einem Lederbeutel aus feinstem Iryanleder an Chr'hos Gürtel und kann nach gewonnener Schlacht problemlos geborgen werden. Den Echsen ist die Bedeutung der Statue nur teilweise klar. Einerseits ist ihnen bewusst, dass sie einen Kultgegenstand der Waldmenschen in Händen halten, und wollen ihn ihren Göttern opfern. Andererseits wissen sie nicht um dessen Bedeutung für das Ritual, das zu stören sie ausgezogen sind. Ihr primäres Ziel war es, möglichst viele der Schamanen am *Kara'iri'itir* niederzumachen. Daher werden die anderen Marus und Achaz den Verlust der Jadestatue (und Notia Botero-Montez, falls es dieser gelingt, zu entkommen) zwar bedauern, sie aber nicht besonders beschützen oder ihnen nachjagen.

Die Reise zurück

Nach dem Kampf ist die Aufgabe der Heldinnen noch nicht erledigt. Jetzt heißt es, die Zähne zusammenzubeißen und so schnell es geht den Rückweg durch die Höhlen anzutreten. Falls die Heldinnen nicht selbst zum Aufbruch drängen, wird Jupopu-Lokan dies tun – die Zeit drängt (umso mehr, wenn ihr mit dem Faktor Zeit spielt, siehe Seite **8**). Die Rückreise durch das Höhlensystem wird in etwa dieselbe Zeit beanspruchen wie der Hinweg, allein das letzte Stück führt Jupopu-Lokan die Heldinnen auf einem anderen Weg zurück nach Kuruke-Wape, da sie den „Atem der Welt" nicht aufsuchen müssen.

Was machen wir mit Notia Botero-Montez?
Bevor die Heldinnen die Rückreise antreten können, müssen sie natürlich entscheiden, was sie mit Notia Botero-Montez machen wollen. Die geknickte und von der Gefangenschaft gezeichnete Al'Anfanerin ergibt sich bereitwillig (aber durchaus schnippisch) in die Hände der Heldinnen. Sie können sie mitnehmen oder laufen lassen. Im letzteren Fall bittet sie um Proviant, die nötigste Ausrüstung, die zum Überleben im Dschungel notwendig ist, und eine Waffe. Auch wenn sie den Heldinnen zuerst als charmante Diebin gegenübergetreten ist, hegen sie vermutlich ansonsten keinen allzu großen Groll gegen sie, und im Kampf gegen Chr'ho hat sie immerhin nach Kräften auf ihrer Seite gekämpft.
Nehmen die Heldinnen sie mit nach Kuruke-Wape, erfüllen sie ihr damit einen langgehegten Traum. Durch den Vorsprung, den sie damit vor ihrer Konkurrentin Yalsinia ya Tarcallo bei der Entschlüsselung des Mysteriums von Kuruke-Wape gewinnt, steht sie damit tief in der Schuld der Heldinnen. Ob sie den Tapo-Tikaute damit langfristig einen Gefallen tun, ist eine andere Frage.

Empfang in Kuruke-Wape
In Kuruke-Wape herrscht helle Aufregung, wenn die Heldinnen mit Jupopu-Lokan etwa fünf Tage nach ihrem Aufbruch zurückkehren. Die schnell zusammenlaufenden, den Heldinnen immer noch ängstlich und teils ablehnend gegenüberstehenden Tapo-Tikaute lauschen gespannt den Erzählungen Jupopu-Lokans, der sich durch seine Reise mit den Heldinnen vom Traditionalisten zu einem Befürworter einer Öffnung gewandelt hat. Danach begegnen sie den Heldinnen immer noch vorsichtig und misstrauisch, aber auch mit einer gewissen Achtung. Bei einer erneuten Audienz bei König Akku-Mijok und seinen Beratern dankt dieser den Heldinnen offiziell im Namen Kuruke-Wapes und bittet sie, das Geheimnis der verborgenen Stadt

und der Existenz des Stammes der Tapo-Tikaute fürs Erste zu hüten. Haben sie Notia Botero-Montez mitgebracht, wird diese versuchen, sich um einen solchen Schwur zu drücken, allerdings hat sie ohnehin kein Interesse daran, die Stadt allzu bald wieder zu verlassen.

Anschließend befiehlt der König, die Heldinnen samt Jadestatue umgehend zum Ritualplatz am *Kara'iri'itir* zu eskortieren. Diese Aufgabe übernimmt Katka-Iok, die danach auch mit vier anderen Kriegern die Bewachung des Ritualplatzes übernehmen soll.

Epilog

Zum Vorlesen oder Nacherzählen:
Feierlich nehmen die versammelten Schamanen die Jadestatue aus euren Händen entgegen und setzen sie unter rituellen Gesängen an ihren Platz in einen der Pfähle. Mit der Bitte, ihr möget Zeugen sein, beginnen die Schamanen dann ihr großes Ritual. Hölzerne Kohlebecken werden entzündet und Kräuter hineingeworfen. Uralte Gesänge werden angestimmt. Ein ritueller Tanz wird aufgeführt und Rauschmittel werden eingenommen. Schließlich sitzen die Schamanen in Trance zwischen den Kohlebecken, ihre Oberkörper schwingen hin und her, ihre Augen sind geschlossen und sie sind ganz im schleppenden Rhythmus ihrer eigenen Stimmen versunken.

Den Helden bietet sich die wohl einmalige Gelegenheit, dem großen Ritual beizuwohnen, das im Ganzen gut 32 Stunden dauert. Danach fallen die Schamaninnen und Schamanen in einen tiefen Schlaf. Katka-Iok und die Krieger der Tapo-Tikaute halten währenddessen Wache und schauen immer wieder besorgt zu den Schamanen und dem Gletscher hin. Die Kräfte, die sich von dem Ritualplatz gegen den Gletscher richten, sind dabei körperlich spürbar – die Präsenz Kamaluqs ist stark. Nach kurzem Schlaf treten die Schamanen zu den Helden und den Tapo-Tikaute und verkünden, dass die Gefahr fürs Erste gebannt sei. Großer Jubel bricht unter den anwesenden Waldmenschen aus und auch die Helden werden freundschaftlich umarmt. Dann heißt es Abschied nehmen – denn für die Helden steht nun der beschwerliche Rückweg nach Hôt-Alem an, um ihren Bericht an Yalsinia ya Tarcallo zu übergeben und ihre Belohnung zu erhalten. Wie viel sie in ihrem Bericht über den verlorenen Stamm der Tapo-Tikaute und Kuruke-Wape enthüllen wollen, soll den Helden überlassen bleiben. In der Folge des Besuchs der Helden in der verhehlten Stadt Kuruke-Wape wird diese sich samt den in ihnen lebenden Tapo-Tikaute in den kommenden Jahren auch ohne Zutun der Völkerkundlerin wandeln, ihr Selbstverständnis überdenken und schließlich zu Kuruke-Lahe werden, um wieder in das Gefüge Aventuriens einzutreten. Der Weg – es bietet sich an über H'Rabaal nach Brabak und von dort aus mit einem Schiff weiterzufahren – kann von dir zu einem neuen kleinen Dschungelabenteuer ausgebaut oder erzählerisch abgehandelt werden.

Der Mühen Lohn
Mit der Rettung Meridianas vor dem im Gletscher des *Kara'iri'itir* eingefrorenen Unheil haben sich die Helden einen Namen unter den Waldmenschenstämmen gemacht. Von ihrem Einsatz für die Stämme wird an den Lagerfeuern von Altoum bis in die Hütten der Chirakah im Norden noch lange erzählt werden. Sollten sie einem der Schamanen, die das Ritual durchgeführt haben, erneut begegnen, werden sie in diesem einen Freund und Verbündeten finden.
Inwieweit die Helden sich auch in der Welt der Gelehrten einen Namen machen, hängt natürlich von ihrem Bericht an Yalsinia ya Tarcallo ab. Je mehr sie über Kuruke-Wape, die Tapo-Tikaute und das große Ritual erzählen, desto größer ist die Chance, dass ya Tarcallo die Helden als Helfer oder Entdecker in einer ihrer Publikationen zu diesen Vorfällen auch namentlich erwähnt. Auf jeden Fall wird sie Kollegen die Dienste der Helden empfehlen, mit deren Arbeit und Einsatz sie mehr als zufrieden ist. So kann es denn durchaus passieren, dass sich schon bald der nächste Forscher oder Gelehrte an die Helden wendet und sie in seine Dienste nimmt. In den Wäldern und Gebirgen des Tiefen Südens schlummern noch viele weitere uralte Geheimnisse, die gelüftet werden wollen.
Neben der mit Yalsinia vereinbarten Belohnung erhält jeder Held **25 Abenteuerpunkte** für das erfolgreiche Bestehen dieser Expedition ins Unbekannte.